O GUIA DEFINITIVO PARA
A GRANDE TRANSFORMAÇÃO

TRANSIÇÃO DE CARREIRA

EDITORA
CHAVE MESTRA®

Título original em Português: Transição de carreira - O guia definitivo para a grande transformação.

Direção Editorial: Raquel Medeiros
Revisão: Híllona Anjos
Diagramação: Conect 3
Arte final capa: Matheus Francelino

Dados Internacionais de Catalogação na Publicação (CIP)

Vale, Rogério (Organizador)
V149 Transição de carreira - o guia definitivo para a grande transformação / Rogério Vale (Org) – Barueri, SP:
Chave Mestra Editora, 2022.
240 p. : 16 x 23 cm

ISBN 978-65-84979-06-2

1. Negócios. 2. Carreira. 3. Transição. 4. Autoajuda. 5. Marketing pessoal.
6. Sucesso profissional I. Título.

CDD 158.1

EDITORA
CHAVE MESTRA®

Sumário

TIAGO KÓTCH 5
PREFÁCIO

PRISCYLA FURLAN 10
AUTOCONHECIMENTO E TRANSIÇÃO DE CARREIRA

ALINE PAIXÃO 18
AUTORRESPONSABILIDADE: O CONCEITO QUE VAI TRANSFORMAR A SUA VISÃO SOBRE CARREIRA E VIDA

ROSE CORDEIRO 26
O QUE É TRANSIÇÃO DE CARREIRA?

LUMY NAKAMURA 33
QUAL A IMPORTÂNCIA DA TRANSIÇÃO DE CARREIRA

CARLOS MELO 41
AS ARMADILHAS QUE ENVOLVEM AS CARREIRAS

DIORGENES GARCÊZ 50
A TRAJETÓRIA DAS CARREIRAS

JOHNNY SIMÕES 58
O CICLO DA CARREIRA

GABRIEL ZALAMENA 66
O QUE LEVA UMA PESSOA A FAZER TRANSIÇÃO DE CARREIRA?

GILIANE DE JESUS 74
AS FASES DA TRANSIÇÃO DE CARREIRA

MARCELO KISKA 82
OS DESAFIOS DE UMA TRANSIÇÃO DE CARREIRA

ANTÔNIO NETO 90
QUAIS SÃO OS MITOS DA TRANSIÇÃO DE CARREIRA?

VANESSA PALUTINE 98
QUANDO NÃO FAZER UMA TRANSIÇÃO DE CARREIRA

CLÁUDIA FERREIRA 106
FOCO E VISÃO CLARA DE FUTURO

PALOMA LESSI 114
PERFIL COMPORTAMENTAL, VOCÊ SABE O SEU?

DÉBORA CATARINA 122
FAZENDO AS PAZES COM A SUA CARREIRA

THIAGO ROCHA 130
COMO DESENVOLVER NOVAS COMPETÊNCIAS E SE CAPACITAR

OSVALDIR FILHO 138
A IMPORTÂNCIA DO PERFIL PROFISSIONAL NO MERCADO DE TRABALHO

KARINA ALMEIDA FERREIRA 146
INTELIGÊNCIAS MÚLTIPLAS

PRISCILLA AZEVEDO 154
COMO ESCOLHER UMA NOVA CARREIRA DE REALIZAÇÃO

DENI BENTO 162
COMO SE PREPARAR PARA UMA TRANSIÇÃO DE CARREIRA

ALINE SALLES 170
MINDSET DE AÇÃO

FILIPE FERNANDES 178
RECOLOCAÇÃO: COMO SE PREPARAR

EDSON TERRA 186
JOB HUNTER E HEADHUNTER: QUAL A IMPORTÂNCIA DELES EM UMA TRANSIÇÃO DE CARREIRA?

ADRIANA CAVALCANTI 194
DE OLHO NO MERCADO DE TRABALHO

JANAINA ZERBA 202
O METAVERSO E AS NOVAS CARREIRAS

EMERSON CAMILO 210
SOFT SKILLS, AS COMPETÊNCIAS PARA O SUCESSO

STEFAN KLAUS 218
COACHING DE CARREIRA

MARCUS GIOTTO 226
CRIE UM CURRÍCULO ATRATIVO

ROSIARA CASTRO 233
ENTREVISTA DE EMPREGO: COMO SE PREPARAR?

Prefácio

O verdadeiro passo a passo para o sucesso profissional.

Quando olhamos para o passado, podemos observar uma linha do tempo de, aproximadamente, uns 270 anos atrás, onde temos o início da primeira Revolução Industrial, com a mecanização dos processos, o advento da máquina a vapor, e ainda, o aumento da produtividade pelas indústrias têxteis por suas fábricas mecanizadas.

Dessa época até os dias de hoje, a sociedade passou por muitas renovações, inclusive nas profissões. Não é mais novidade que as carreiras estão sofrendo transformações e muitas delas estão se modificando de maneira rápida. As atividades mais tradicionais, que antes eram elogiadas, tinham grande demanda e até mesmo eram favorecidas, atualmente sua procura diminuiu, ou seja, diante desses eventos podemos notar que as mudanças sempre vão acontecer, se não tivessem acontecido desde os primórdios, ainda estaríamos vivendo no tempo das cavernas. Você pode imaginar?

Ao longo dos anos, pude compreender que para ter sucesso na profissão ou em qualquer outra área da vida, a preparação é fundamental. É como uma maratona: para chegar no dia da prova e conseguir completar o percurso é impreterível ter se capacitado antes e é nesse momento que tudo começa a fazer sentido, a preparação encontra a oportunidade e a mágica acontece. Permita-se estar disponível para um novo pensamento!

É preciso aceitar que o mundo está em constante transformação, a diferença é que com as novas tecnologias, essas mutações estão cada vez mais rápidas. Se você quiser ser bem sucedido e desenvolver uma carreira de sucesso, será necessário se adaptar às mudanças. Por isso, você está sendo apresentado a esse mapa que vai lhe orientar nessa jornada. Onde você vai poder tomar consciência dos desafios que podem aparecer no decorrer da caminhada, que para muitos, pode ser o início de uma escalada para o topo da montanha.

Recordo-me que em 2016 estava desmotivado em minha profissão, havia empreendido em alguns negócios no passado e não deram certo, já não tinha o mesmo brilho nos olhos em meu trabalho. Nessa fase da vida, ministrava aula de ginástica e de *personal trainer*, sentia minha carreira estagnada, olhava para a minha vida e não enxergava crescimento e não era pelo dinheiro, porque eu tinha uma boa remuneração e apesar de gostar muito da profissão, não a vislumbrava mais como propósito. (Quero chamar sua atenção para uma chave poderosa. Quando você alinhar sua carreira com seu propósito, tudo será mais leve e irá fluir de maneira natural). Eu queria viver uma mudança real mas não sabia como romper esse ciclo.

Certo dia, recebi um e-mail para fazer um treinamento. Fui resistente no primeiro momento, porém, entrei em contato via telefone e a moça que me atendeu foi tão competente e paciente que, depois de um mês de negociações, comprei o curso com ela. Eu nem imaginava que essa imersão mudaria tudo em minha vida. A partir desse ponto, pude entender que eu queria sim, viver uma transformação, no entanto, não fazia nada para conquistá-la, eu continuava onde estava e reclamando do meu descontentamento. Foi nesse momento que entendi que precisava me preparar para uma nova trajetória pessoal e profissional. Então, mergulhei no autoconhecimento, reprogramei minhas crenças para ser um campeão; estudei muito, busquei conhecimento técnico, emocional e espiritual. Foi imprescindível me desfazer daquela mente ultrapassada, escassa que apenas encontrava justificativas, configurei um novo *mindset* e depois disso, ao invés de murmurar, sempre estou procurando oportunidades.

Pergunto para você: qual dessas mentes você tem usado, a que reclama ou a que busca oportunidades?

É isso que você vai encontrar nesses capítulos. Eles serão como um guia poderoso que ajudará você a identificar, analisar e direcionar suas ações para a sua visão de futuro nesse caminho a ser percorrido. Esta obra traz temas realmente significativos para quem quer romper padrões e sair do convencional e se tornar um profissional diferenciado no mercado. Mostra ainda que, para atingir o sucesso, é preciso ir além, e para ir além, é preciso aprender o novo, se reinventar, desconstruir velhos comportamentos, reaprender e construir novos hábitos, isto é, reprogramar o seu cérebro para ser um vencedor. Você está preparado?

A cada ano, eventos, situações, novos comportamentos e ações influenciam e de alguma forma acabam modificando o mercado e isso acontece em todos os setores. Assim sendo, é de extrema importância que você, profissional ou candidato, esteja de olho nas tendências para sair na frente dos concorrentes e dessa forma, você poderá criar um planejamento para promover e impulsionar estratégias mais assertivas para sua carreira.

Sinceramente, acredito que esse livro será uma ferramenta alentadora e transformadora, não apenas em sua carreira mas em sua vida. Escrevo estas palavras com propriedade, para validar cada autor que, de forma honrosa, está compartilhando não apenas o seu conhecimento, mas também suas experiências de vida, e isso faz dessas páginas um manuscrito único para te direcionar, te encaminhar e orientá-lo a viver um novo tempo em sua carreira.

Ao iniciar a leitura dessa publicação inspiradora, não esqueça que a jornada é mais importante do que o destino. Assim sendo, explore bem cada passagem e prepare-se para uma nova configuração da sua mente.

Boa leitura!

Tiago Kótch

Priscyla Furlan

Sou Priscyla Furlan, mãe do Fabinho, apaixonada por salas de aula e boas conversas, sou defensora fervorosa dos movimentos de autoconhecimento e desenvolvimento. Trabalho há mais de 25 anos com desenvolvimento humano e fui uma das principais executivas de RH de um grande grupo financeiro francês.

Estou à frente da Aquarela *Coaching* e Desenvolvimento, resultado de uma transição de carreira muito desejada e planejada, onde atuo como *coach*, mentora, treinadora comportamental e conselheira de carreira.

Bacharel em Administração de Empresas pela Mackenzie, pós-graduada em RH pela FEI, *master coach* FEBRACIS e treinadora comportamental formada no IFT.

aquarelacoaching

11 97231.4725

aquarelacoaching.com.br

AUTOCONHECIMENTO E TRANSIÇÃO DE CARREIRA

Por Priscyla Furlan

Sua carreira não é uma sentença incontestável, acredite, você não está predestinado a fazer para sempre a mesma ou as mesmas coisas. Carreira é escolha, e, por mais que você tenha sido impelido a fazer essa escolha por motivos que fugiram ao seu controle, sempre será possível fazer outras novas.

Muitas vezes, a carreira nos escolhe muito mais por necessidade de segurança que por paixão ou vocação; muitas vezes, nos vemos apenas trocando nossa força de trabalho por algum tipo de compensação financeira.

Trabalho, carreira, segurança, paixão, vocação, são peças completamente diferentes deste complexo quebra-cabeças que é a nossa vida profissional.

Eu, por exemplo, cresci ouvindo meu pai dizer que o sonho dele era se aposentar, "pendurar as chuteiras", como ele mesmo dizia. Quando eu era criança, não conseguia compreender como meu pai poderia querer tanto se livrar de um compromisso que preenchia os dias dele e que, segundo ele, trazia o sustento para a nossa família.

Desde muito jovem eu acreditava e desejava fortemente que comigo a história fosse diferente e ela foi...

Meu pai se aposentou aos 49 anos, era ferramenteiro, tinha a questão da insalubridade na indústria, mas só parou de trabalhar mesmo aos 66 anos devido a um acidente de trabalho que limitou bastante suas possibilidades de "curtir a vida" depois de uma vida inteira de trabalho. A essa altura eu já tinha uma carreira de muito sucesso e que me enchia de orgulho e satisfação, ela preenchia os meus dias exaustivamente e ocupava todo o meu tempo e energia.

Aos 32 anos, eu era uma das principais executivas de RH de um grande grupo financeiro francês. Tinha sucesso, realizações, viagens internacionais, desafios, reconhecimento, mas ao mesmo tempo um vazio enorme e a sensação de que faltava algo, de que minha vida estava incompleta. Havia ainda outro grande sonho a realizar: eu queria muito ser mãe! Mas, na minha cabeça, esses dois papéis eram tão conflitantes, por mais que eu dissesse para mim mesma que daria conta, que seria capaz de conciliar a maternidade e a vida corporativa, eles passaram alguns anos brigando dentro de mim.

Cinco anos para ser mais exata... uma briga e tanto! Mas tenho que admitir que essa briga trouxe para a minha vida, além do mais precioso bem que é o meu filho, um movimento gigantesco de autoconhecimento. Foi durante aqueles cinco longos anos de espera que eu descobri como era importante olhar para mim mesma. A chegada do meu filho contribuiu muito para que eu mudasse radicalmente minha vida profissional e isso só foi possível por que eu me permiti olhar para mim mesma com generosidade, profundidade e curiosidade.

Por definição, o autoconhecimento é exatamente isso: uma investigação generosa, profunda e curiosa de si mesmo. É retirar camada por camada, é se descascar por completo, é chegar nos aspectos mais profundos do nosso ser.

Pode ser um processo bastante incômodo, muitas vezes até dolorido, mas eu garanto que é extremamente necessário e muito gratificante, no final das contas. Esse processo vai ampliar exponencialmente a visão que você tem sobre você mesmo, suas capacidades, seus horizontes e o seu mundo de forma geral.

Então eu estava ali, aos 37 anos de idade, com o meu filho recém-nascido nos braços, o sonho da minha vida realizado, um coração cheio de amor e uma cabeça com um pacote de dúvidas e incertezas sobre o meu futuro profissional, sobre como seria minha vida pós licença-maternidade. Depois de tanta espera seria justo delegar os cuidados com o meu filho a terceiros? Não, aquilo não era justo. Não era justo comigo, não era justo com ele, não era justo com o pai dele que estava se desdobrando para cobrir a minha ausência. Simplesmente não era justo, não era certo. E juntando todo esse sentimento de injustiça a um sentimento de desalinhamento de valores no trabalho, aquele aspecto da minha vida que costumava ser tão sólido, tão firme, tão forte, se tornou o ponto mais frágil, mais sensível, mais frouxo, até que se partiu.

Deixei meu posto de executiva em abril de 2019, por meio de um acordo extrajudicial amigável. Meu primeiro reflexo foi: "vou tirar um sabático de seis meses", eu queria curtir meu filho, poder cuidar dele sem a pressão de sair diariamente de casa às sete da manhã e voltar somente às oito da noite.

E assim continuei a minha jornada, o autoconhecimento não é um evento, é um processo. Demanda esforço, disciplina, concentração, humildade e atenção. Num mundo tão cheio de distrações é extremamente desafiador dedicar-se a esse projeto.

O autoconhecimento não envolve lidar apenas com o que há de positivo em nós e é aí que se encontra o grande desafio, é um trabalho sobre nossas luzes e nossas sombras também e nem sempre estamos preparados para lidar com os aspectos mais sombrios da nossa personalidade. É a consciência sobre esses aspectos sombrios que vai abrir espaço para crescermos e nos desenvolvermos.

Por diversas vezes, eu me questionei se estava fazendo a coisa certa. Tive medo, uma dose de arrependimento, muito frio na barriga; estava lidando com o novo, com o desconhecido. Hoje eu sei que eram sensações extremamente naturais.

Os meus seis meses de sabático acabaram e eu decidi que não queria voltar ao mercado de trabalho tradicional, que eu seria muito mais útil e feliz trabalhando por projetos. Sim, projetos que me encantassem, que me permitissem ajudar as pessoas, colocar meus conhecimentos e experiência a serviço da transformação de pessoas e organizações e foi assim que eu "ressuscitei" a Aquarela.

A Aquarela já existia desde 2013 como um projeto social, uma retribuição social e eu decidi transformá-la em meu ofício no final de 2019. Isso só foi possível porque quanto mais generosamente eu mergulhava em mim, melhor eu servia ao meu próximo e cumpria a missão que Deus me dera. Não se tratava apenas do que eu fazia e sim, de quem eu verdadeiramente era.

O processo não é indolor, volto a dizer. É exatamente por isso que eu gostaria de compartilhar com vocês alguns passos importantes que guiaram esse meu movimento de autoconhecimento e que viabilizaram minha transição de carreira de forma organizada:

1º Passo - Ter coragem para questionar

Foi preciso refletir sobre muitas coisas na minha vida e sobre as emoções que essas coisas me faziam sentir.

Eu tive que questionar minhas atitudes. O que me fazia feliz? Como eu me enxergava? Como eu acreditava que as pessoas me enxergavam? Quais eram meus pontos fortes e fracos? Quais hábitos me prejudicavam? Quais eram os meus sonhos? Quais eram minhas crenças mais profundas? Como eu me relacionava comigo e com os outros? Qual era o espaço que o trabalho ocupava em minha vida? Como seria uma vida sem o trabalho que eu conhecia? Quem eu era fora do trabalho?

Lembre-se: não é sobre o que você faz, é sobre quem você é.

2º Passo - Conhecer a sua missão

O autoconhecimento envolve a descoberta da sua missão e ela é algo que você recebe diretamente do Criador, é aquilo que Ele planejou cuidadosa e carinhosamente para você.

A minha transição de carreira teve muita conexão com a descoberta da minha missão, quando eu a descobri ficou muito difícil voltar para a minha vida de antes e me sentir satisfeita. Hoje eu tenho consciência que, talvez tenha sido por isso que eu demorei tanto tempo para admitir o que eu realmente queria fazer.

Tem uma frase do escritor Mark Twain que eu adoro e que diz: *"Os dois dias mais importantes da sua vida são o dia em que você nasce e o dia em que descobre por quê".*

Dedique-se a essa descoberta, ela vai transformar a sua vida para sempre.

3º Passo - Não ter medo de mudar de ideia

Mudar de ideia, mudar de rota, abrir mão de algumas coisas. É como eu já disse: uma carreira não é uma sentença incontestável. O autoconhecimento exige mente aberta, desconstrução de antigas ideias e conceitos. Esse processo de aprendizado pressupõe a abertura de espaço para acomodar novos hábitos, práticas e percepções.

Tudo pode mudar, especialmente sua carreira, sua vida profissional.

4º Passo - Usar todos os recursos disponíveis e pagar o preço

Existem inúmeras ferramentas disponíveis atualmente que podem te ajudar no processo de autoconhecimento: *assessments*, processos terapêuticos, aconselhamento de carreira, *coaching*, *mentoring*, cursos, imersões, retiros, etc.

Tenho que confessar que eu sempre fui muito sedenta por conhecimento e que utilizei todas essas ferramentas durante o meu processo. Reconhecer que precisamos de ajuda, que precisamos de um farol para iluminar nossa caminhada pode facilitar e até mesmo acelerar os aprendizados.

Então, não tenha medo de contar com a ajuda de profissionais qualificados e preparados para lidar com esse tipo de demanda. Pague o preço com coragem e alegria.

5º Passo - Fazer do tempo um aliado

O tempo é um recurso tão precioso! A melhor maneira de promover mudanças é encontrando um pequeno espaço de tempo todos os dias em sua rotina para se dedicar a elas, o desafio aqui é integrar, não eliminar. Você vai precisar de um esforço diário para encontrar esse tempo e o que parecia ser uma limitação passará a ser uma dádiva.

Eu acredito verdadeiramente que quanto mais você se conhece, quanto mais sabe quem você é, o que gosta, o que tem mais facilidade em fazer, mais chances você tem de fazer boas escolhas de carreira. De carreira e de vida!

É fato consumado que vamos passar boa parte da vida (eu diria uns 85 a 90%) trabalhando, então que sejam escolhas alinhadas aos nossos valores, que nos tragam felicidade, paz e realização. Por isso, jamais tenha medo de descobrir aquilo que é importante para você.

Eu desejo de todo o meu coração que você se lembre sempre que: escolher o caminho do que faz o nosso coração bater mais forte é a decisão mais importante que podemos tomar na vida!

E que é somente através do autoconhecimento que você vai descobrir o que faz o seu coração bater mais forte.

“Quanto mais generosamente eu mergulhar em mim, melhor eu servirei ao meu próximo e cumprirei a missão que Deus me deu.”

Priscyla Furlan

Aline Paixão

Sou Aline Paixão, paulistana nascida na capital, filha amada de Deus, esposa de Leandro, mãe de Isabella e, neste momento, esperando o meu segundo filho!

Em 2020, fiz a minha transição de carreira de Direito para o *Coaching* e hoje estou realizada profissionalmente! Além de *master coach*, atuo como analista de perfil comportamental e palestrante.

Sou apaixonada pelo desenvolvimento humano e crescimento pessoal!

Ajudo pessoas a fortalecerem a autoestima e identidade, a voltarem a acreditar em si mesmas e caminharem em direção aos seus sonhos, objetivos e metas.

alinepaixaocoach

11 99193.6589

Aline Paixão

alinenpaixao@yahoo.com.br

oseucoach.com/alinenpaixao

AUTORRESPONSABILIDADE: O CONCEITO QUE VAI TRANSFORMAR A SUA VISÃO SOBRE CARREIRA E VIDA

Por Aline Paixão

Há três anos, eu tomei a decisão mais dolorosa e, ao mesmo tempo, mais assertiva da minha vida. Após 15 anos de estudo e prática na área jurídica, optei por deixar a advocacia - que para mim já não fazia mais sentido nenhum - para me dedicar exclusivamente ao desenvolvimento de pessoas, sendo uma profissional de *coaching*.

Até então, eu achava que o meu valor como pessoa estava baseado apenas no que eu fazia e na profissão que eu exercia e que, de certa forma, me dava prestígio. Na época do vestibular, confesso que escolhi minha profissão mais pelo *status* do que por qualquer outra coisa.

Para piorar, algumas experiências profissionais que eu tive me deixaram muito frustrada e eu passei a ter uma autocobrança exagerada, colocava muito peso sobre os meus ombros e me forçava a ser uma pessoa completamente diferente, buscando a perfeição e assim, abandonando a minha essência.

À essa altura, eu me dei conta que já estava com as minhas emoções totalmente desalinhadas, muito abalada, com transtorno de ansiedade generalizada e depressão, tomando remédio para dormir e me perguntando se era isso, se eu estava condenada ao fracasso por mais esforço que fizesse. Eu vinha de um longo período de dedicação exclusiva ao estudo para concurso público e cada vez mais minhas notas iam caindo e o sonho de me tornar uma promotora de justiça ia se distanciando.

Foi então que caiu a ficha: eu passei anos cultivando somente o meu lado racional, fazendo curso atrás de curso para me desenvolver cognitivamente e tinha abandonado e ignorado por completo as minhas emoções e sentimentos. Era por isso que as coisas não fluíam e tudo parecia ser um grande fardo. Mas, vamos ao conceito que mudou o meu olhar não só para a forma como eu encarava os desafios profissionais, mas como toda a minha vida. Começo este capítulo lhe provocando uma profunda reflexão.

Você é o tipo de pessoa que sempre tem uma boa desculpa para justificar seus erros? Algo ruim acontece e você logo se pergunta se, por acaso, "jogou pedra na cruz"? Reclama com frequência de pessoas e circunstâncias e jamais ousou se perguntar o que você pode fazer de diferente para que situações desagradáveis não voltem a se repetir na sua vida? Costuma atribuir suas falhas a terceiros, esquivando-se da culpa e se colocando como vítima? Tem dificuldade de reconhecer seus erros e mostrar vulnerabilidade?

As respostas a essas perguntas dão pistas sobre o conceito que será trabalhado ao longo deste capítulo. Você é ou não uma pessoa autorresponsável?

O grande desafio de viver uma carreira pautada na vitimização é ser refém das pessoas e das circunstâncias. A grande maioria escolhe a profissão pensando na rentabilidade financeira, para ganhar dinheiro e pagar as contas e isso até pode fazer sentido por um tempo. Por outro lado, quando menos esperam, se deparam com o vazio da falta de senso de propósito, de missão, e aí, todo o dinheiro do mundo não será suficiente para suprir essa necessidade.

Eu vivenciei isso na pele. No auge dos meus 18 anos, eu tinha duas escolhas: fazer Direito ou Psicologia; eram as áreas que eu mais me identificava. Na época, optei pelo Direito, mais pelo *status* que a carreira poderia me proporcionar e o retorno financeiro promissor. Anos mais tarde, frustrada com a advocacia que nitidamente não me realizava e já esgotada emocionalmente em estudar para conseguir passar num dos concursos mais concorridos da área jurídica, a Promotoria de Justiça, decidi voltar à faculdade para estudar Psicologia. Após a formação em *coaching*, ficou claro que muitos conflitos sequer chegariam ao Poder Judiciário se as pessoas desenvolvessem a sua inteligência emocional.

Eu era essa pessoa que culpava os outros por tudo de ruim que acontecia comigo, me sentia vítima das situações, sempre buscava uma justificativa para os meus erros, não tinha maturidade suficiente na época para entender que a minha vida profissional, as minhas escolhas profissionais eram de responsabilidade exclusivamente minha e que eu estava onde havia me colocado.

Por acaso, você também já se viu culpando seu chefe por não te dar a promoção que você acredita merecer? Já foi demitido e se sentiu injustiçado?

Costuma reclamar da empresa que trabalha e da ausência de condições ideais para trabalhar? Já disse que a empresa não reconhece o seu valor? Atribui aos colegas de trabalho a responsabilidade pela sua distração, falta de empenho ou até se ressente de uma ideia "roubada" que você não teve coragem de expor e alguém passou na sua frente e a expôs primeiro?

Se você vivenciou alguma dessas situações, acredite: você é o único responsável por esses resultados. Tudo que está na sua vida foi atraído por você, pelos pensamentos que mais povoam a sua mente, por seu diálogo interno, pelos sentimentos reinantes dentro de você, por palavras que saem da sua boca (o que você verbaliza) e, sobretudo, por tudo o que você comunica e expressa para o mundo com a sua postura.

Eu não sei você, mas eu passei anos frustrada com a minha carreira, não entendia porque as coisas não davam certo para mim, porque eu me dedicava tanto, estudava tanto e ganhava tão pouco. Eu me contaminava com o desânimo dos meus chefes advogados que também eram frustrados com a profissão e me diziam para desistir enquanto dava tempo. Eu me questionava o porquê de aquilo tudo ser tão pesado, porquê eu me sentia infeliz todos os dias, principalmente durante o expediente de trabalho e me perguntava se tinha que ser daquela forma.

Para piorar, eu era uma daquelas pessoas que só via valor pelo o que fazia e não por ser quem eu era na essência. Se este for o seu caso, você precisa reprogramar as suas crenças imediatamente e fortalecer a sua identidade. Independente da profissão que escolher, pelo simples fato de existir, você já é importante e o seu valor não está apenas no que você faz. A vida profissional é apenas uma das áreas da sua vida.

Cheguei a um ponto em que eu me culpava demais pelas coisas não terem dado certo para mim, só que essa culpa me mantinha na vitimização e não me permitia crescer e evoluir. Por isso eu afirmo: o seu passado não importa. O que importa são as ações que você fizer no presente, pois, são elas que irão construir o seu futuro! O que você decide fazer hoje?

Um dia, passeando por uma livraria de shopping, ao chegar no caixa vi um livrinho vermelho exposto na prateleira, cujo título era "O Poder da

Autorresponsabilidade". Resolvi levar e comecei a leitura ali na fila mesmo. Fez muito sentido para mim e tenho certeza de que fará muito sentido para você também.

O termo "autorresponsabilidade" foi criado pelo PhD Paulo Vieira e significa atribuir a si próprio a responsabilidade por toda e qualquer situação que aconteça na sua vida, seja ela boa ou ruim. Segundo ele, a nossa vida não é coincidência, ela é uma sucessão de escolhas feitas por nós mesmos.

Ser autorresponsável é constatar e aceitar que tudo o que está ou não está na sua vida é mérito exclusivamente seu, foi criado consciente ou inconscientemente por você. Isso quer dizer que todos os acertos e, sobretudo, os erros que cometeu ao longo da sua trajetória de vida e, especificamente, na sua trajetória profissional, são fruto das escolhas que você fez.

Então, eu te pergunto: quem é o responsável pela sua carreira e vida profissional? Se você respondeu um sonoro "Eu!", significa que compreendeu o conceito da autorresponsabilidade.

É exatamente isso. Ser autorresponsável na prática é libertador, porque se hoje você percebe que está na profissão errada ou em uma profissão que não te realiza, cabe a você tomar a decisão de mudar. Se você percebe que trabalha demais e ganha pouco, cabe a você trabalhar para que os seus esforços sejam reconhecidos. Você pode se conformar, se lamentar, ou pedir ajuda e agir para mudar.

Atribuir a responsabilidade a si pode ser assustador no início, pois, temos uma cultura no Brasil de aplaudir o "coitadinho", de se compadecer da dor do outro e de querer "o tapinha nas costas". Por outro lado, esse é o preço que se paga pela liberdade de poder mudar qualquer circunstância na sua vida.

Para ter certeza de que está indo para o rumo certo, se permita fazer alguns questionamentos:

1. Mudar de profissão vai ser bom para você e para os seus? Isso quer dizer: gerará um impacto positivo sobre todos que serão afetados diretamente pela sua escolha?

2. Essa nova profissão está coerente com os seus princípios e valores? Ou seja, exercendo essa profissão você estará sendo fiel ao que acredita, ao seu senso de propósito ou você só está pensando no dinheiro que vai ganhar? Não tem problema nenhum em querer ganhar mais dinheiro, afinal, o seu esforço merece ser recompensado. A questão é verificar se o único critério é o dinheiro.

Nenhuma pessoa ou circunstância pode te impedir de chegar aonde você quer! Você é o seu próprio sabotador. É tudo sobre você.

Segundo Paulo Vieira, existem 6 leis da autorresponsabilidade. Fica aqui a minha recomendação para que pratiquem em suas vidas:

1. Se for para criticar, é melhor ficar calado;
2. Ao invés de reclamar, dê uma sugestão;
3. Busque solução ao invés de buscar culpados;
4. Ao invés de se fazer de vítima, faça-se de vencedor;
5. Pare de querer justificar seus erros e aprenda com eles;
6. Evite julgar as pessoas, julgue apenas suas atitudes.

Eu te convido a entrar na jornada da autorresponsabilidade e a colocar em prática o que você conheceu aqui e a escrever uma nova história profissional. Mais do que isso, eu te convido a honrar a sua história e a sua trajetória profissional, por mais que não tenha sido o que você esperava, foi ela que te trouxe até aqui. Porém, são os novos conhecimentos que você vai adquirir que vão te levar para o próximo nível: o da excelência. Entenda que todo trabalho é importante e fundamental para o progresso da humanidade. Celebre cada pequeno avanço, aprenda a se aplaudir e a se validar. Faça isso por você, para deixar um legado no mundo.

Estamos juntos nessa jornada!

“Nenhuma pessoa ou circunstância pode te impedir de chegar aonde você quer. Você é o seu próprio sabotador.”

Aline Paixão

Rose Cordeiro

Sou Rose Cordeiro, filha amada do Deus Altíssimo, mãe de Patrick e Valeria, irmã de Rosane, Simone e Suzane, dedico esta obra a minha mãe Marinalva.

Empresária, empreendedora, administradora de formação, pós-graduada em Gestão de Pessoas, professora universitária, *master coach*, analista de perfil comportamental, com experiência de 25 anos em gestão, potencializando equipes e negócios para a alta performance e geração de resultados.

Atuo nas minhas duas empresas, a Medic Prime Produtos Médicos e Odontológicos e a RJ Solução Desenvolvimento de Pessoas e Negócios, além de atender como *master coach*, tendo como missão de vida ajudar a transformar pessoas e empresas.

rosecordeirooficial

73 98125.1390

rosecordeiro2000@gmail.com

O QUE É TRANSIÇÃO DE CARREIRA?

Por Rose Cordeiro

Certa vez, li a seguinte frase atribuída a Buda: *"O mundo está em constante mudança, por isso não se apegue a nada"*. Isso me levou a refletir sobre a dinâmica da vida e percebi que mudanças acontecem em todas as esferas da existência. O planeta sofre alterações, o ecossistema é mutável, o ser humano passa por mudanças físicas e muda de ideia conforme necessidade ou vontade própria, empresas mudam de nome, pessoas mudam de residência e de profissão. O fato é que a vida sempre nos surpreende com coisas que nem sempre imaginamos e, por isso, vale a pena estarmos abertos para aprender com as possibilidades das mudanças que naturalmente surgem.

Estudiosos do comportamento humano asseguram que a transição de carreira já é considerada o "novo normal" e essa prática tem se tornado cada vez mais comum nos nossos dias. Em síntese, um profissional terá várias carreiras durante o seu período produtivo de atividade. Essa constatação é percebida, com maior frequência, nas pessoas que nasceram depois da virada do século, cujo padrão de conduta é bem mais flexível. Além do que, muitas pessoas escolheram uma carreira profissional quando ainda não tinham maturidade suficiente para isso. Via de regra, buscamos algo que nos realize e promova senso de protagonismo. No entanto, a vida é uma constante descoberta e o processo de aprendizado é permanente.

Transição de carreira pode ser definida como o momento em que o profissional decide mudar de rota ou se reposicionar na área. E, embora não existam critérios predeterminados para identificar quando ocorre tal mudança, podemos afirmar que pequenas ou grandes alterações profissionais podem ser consideradas transição de carreira.

Exemplo de pequenas alterações profissionais: um advogado, que atua na área do direito trabalhista, mas que decide atuar no direito criminal.

Neste caso, não há necessidade de uma nova graduação, basta a especialização na nova área escolhida dentro do mesmo campo do conhecimento.

Exemplo de grandes alterações profissionais: um engenheiro civil que decide aprender e exercer Medicina. Já neste caso, a mudança é extrema e serão necessários vários anos de estudo para que a transição de carreira ocorra.

Considerando que não existem regras, a transição de carreira pode variar na escala de impacto para aqueles que fazem tais escolhas, seja por sonho ou necessidade. Veja alguns questionamentos necessários antes de decidir pela Transição de Carreira:

1. Estou motivado/a no trabalho que realizo hoje?
2. Tenho interesse nos assuntos a respeito da minha formação? Continuo estudando e agregando conhecimento?
3. Meu trabalho tem suprido minhas necessidades de remuneração, realização, relacionamento e reconhecimento?
4. Ao pensar em meu futuro profissional, identifico outras oportunidades de trabalho e desenvolvimento?

Ao responder a esses questionamentos, a intenção é promover reflexão (trazendo clareza e levando consciência para o estado atual) e identificar habilidades profissionais adquiridas, para avaliar as possibilidades dentro de um novo mercado, porque podemos mudar de ideia ou repensar a transição a partir de fatores identificados.

Caso surjam dúvidas que gerem questionamentos sobre se a transição de carreira é o melhor caminho para você, então já tem um ponto muito importante a trabalhar. Procure informações sobre o que desperta seu interesse, trabalhe seu autoconhecimento para buscar a sua essência e seu verdadeiro "eu" e procure o seu propósito, o que o/a faz feliz e o que o/a motiva a acordar todos os dias, sair para trabalhar motivado/a e com o sentimento de realização.

Para uma transição de carreira bem-sucedida, é importante trabalhar em etapas. Não é recomendado que você larque seu emprego por impulso e vá atrás de outro, ou abra uma empresa, pois poderá não ser bem-sucedido/a pela precipitação e se frustrar.

Eu decidi fazer transição de carreira

Qual seria o seu sentimento em pedir demissão de um cargo de gerência depois de 25 anos na área estratégica de uma empresa, pedir demissão de uma faculdade, onde ministrava aulas no curso de Administração há 17 anos e mudar de uma cidade do interior com 215 mil habitantes para ir morar em uma capital de 3 milhões de habitantes?

Esta pergunta é proposital para tratarmos do primeiro e mais importante elemento de uma transição de carreira: Você está preparado/a **emocionalmente** para viver realmente a mudança? Essa questão envolve duas situações:

1. Uma coisa é você pedir demissão e a outra é você ser demitido/a. Mas isso não invalida a questão levantada?
2. Qual o nível da sua inteligência emocional para tomar decisões importantes?

A inteligência emocional é a capacidade que temos de entender e gerenciar as nossas próprias emoções e os efeitos das emoções das pessoas com as quais mantemos contato. Quem tem um alto grau de inteligência emocional consegue, sem dificuldades, entender o que está sentindo, o significado dos próprios sentimentos e como eles podem afetar os outros. Quando bem trabalhada, essa é uma competência que traz maior equilíbrio na vida pessoal e sucesso profissional para quem almeja mudar ou evoluir na carreira.

No 1º semestre de 2020, em plena pandemia, foi quando comecei a pensar em transição de carreira, mas surgiram muitas dúvidas até eu perceber que a primeira coisa a ser feita era investir no meu autoconhecimento, que implicava em desenvolver o pilar da Inteligência Emocional. Quando tive a certeza disso, dediquei-me aos estudos sobre o assunto, via cursos de imersão e mentorias profissionais, que me possibilitaram perceber o meu estado atual e, ao mesmo tempo, traçar as minhas metas para o futuro desejado.

O ser humano foi criado por Deus de forma complexa, extraordinária e sistêmica. Implica dizer que o equilíbrio comportamental depende essencialmente da inter-relação de todas as áreas da nossa vida. Por isso, a vida humana pode ser melhor observada e desenvolvida a partir de onze pilares: espiritual, emocional, profissional, financeiro, intelectual, serviço, saúde, social, filhos, conjugal e parentes.

Devemos cuidar de cada pilar com máxima atenção, mas o principal deles é o espiritual porque ele norteia os demais, sobretudo porque fomos criados para nos relacionarmos com Deus de forma prazerosa e íntima. Nele, descobrimos nossa origem, nossa real identidade, o propósito de existir no mundo e o nosso destino eterno.

Talvez isso seja novo ao seu entendimento e você se pergunte: por que ninguém nos ensinou isso quando éramos crianças? Porque, em geral, nossos pais também não sabiam disso; nossa escola não nos preparou para isso; a faculdade também não; nosso trabalho, do mesmo modo. A boa notícia é que você tem como se reequilibrar, basta querer e se colocar à disposição de treinamentos para aprender a viver com consciência sistêmica.

Depois de olhar para dentro de si mesmo/a, chegou a hora de **pesquisar sobre a nova carreira** e **coletar informações de mercado** sobre as possibilidades e oportunidades de crescimento.

Estude e ganhe experiência - É importante ativar seu *networking*, participar de *workshops*, seminários, cursos e palestras sobre o assunto da nova carreira; ler livros da área desejada; conversar e modelar pessoas que já atuam nela. Tudo isso vai abrir a sua visão sobre a sua nova carreira. Além disso, chegou a hora de fazer o passo a passo do **planejamento** e elaborar o cronograma com datas definidas para avaliar se sua transição será um processo a curto, médio ou longo prazo.

Plano de ação - É necessário elaborar um plano de ação completo com objetivos, metas, estratégias e prazos. O importante é ter prazo para cada ação e seguir o plano à risca, etapa por etapa, para se manter sempre motivado/a, focado/a e vencer os obstáculos dessa transição.

Reserva financeira para a transição - Você vai precisar de uma reserva financeira para recomeçar e lidar com a baixa remuneração ou esperar o retorno do capital investido no caso de abrir uma empresa. É possível que precise voltar à condição de aprendiz (o que não é fácil para um profissional experiente) e, se esse for o seu caso, precisará encarar isso com a mente aberta e saber que precisa de tempo para o retorno e, nesse tempo, utilizará essa reserva com esse objetivo.

No processo de transformação, tive consciência, constrangimento, dor e fiquei cara a cara com as minhas crenças limitantes, as minhas fragilidades, os meus medos, os meus vales, as minhas armaduras e uma vida disfuncional; porém mergulhei profundamente no processo de ressignificação e cura, mesmo imaginando que outras demandas poderiam surgir para serem igualmente tratadas.

Em todo tempo, vi claramente e experimentei o cuidado gracioso de Deus em minha vida, à medida que fui sendo confrontada com o amor genuíno que gerou a restauração da minha identidade, alegria de viver e equilíbrio através da inteligência emocional, para que assim eu pudesse usar os meus dons e talentos para resgatar e abundar na vida de outras pessoas e empresas.

No 1º semestre de 2021, após ter escolhido não trabalhar mais sob o regime da CLT e realizado a imersão no autoconhecimento, na inteligência emocional; ter planejado a reserva financeira; ter feito pesquisa de mercado para novas oportunidades de negócios; planejamento e plano de ação, busquei uma formação em *master coach* e abri a empresa Medic Prime Produtos Médicos e Odontológicos e em seguida a RJ Solução - Desenvolvimento de Pessoas e Negócios, empresa que realiza consultoria na área de gestão empresarial, com foco em desenvolvimento de pessoas e negócios.

Que fichas caíram? Transição de carreira é para você? Sugiro buscar um profissional especializado em carreira, para que tenha a orientação adequada em seu processo de transição de carreira. Acredite: Se eu pude, você também pode! Permita que o novo entre em sua vida. Profetizo na sua vida uma carreira que realmente faça você feliz como merece, para cumprir sua missão e seu propósito de vida! Grande abraço!

“Precisamos estar abertos para aprender com as possibilidades das mudanças que naturalmente surgem.”

Rose Cordeiro

Lumy Nakamura

Sou Lumy Nakamura, filha amada de Deus, esposa de Felipe Coutinho, mãe de Kaoru, filha de Eliza e Hélio, primogênita com dois irmãos: Kenji e Mayumi.

Formada em Letras e pós-graduada em Tradução da Língua Inglesa, com formação em *Coaching* Integral Sistêmico pela FEBRACIS e Florida Christian University, com especialização em *Coaching* de Carreira.

Empresária, palestrante, escritora e analista de perfil comportamental de crianças à adultos. No passado, transitei por vários empregos e, após passar pela "virada de chave", hoje vivo meu propósito e missão como *coach* de carreira e, assim, contribuo para que mais pessoas encontrem também a sua melhor profissão.

lumynakamuracoach

Lumy Nakamura

lumynakamuracoach@gmail.com

QUAL A IMPORTÂNCIA DA TRANSIÇÃO DE CARREIRA

Por Lumy Nakamura

Quando falamos sobre "transição de carreira", tão importante quanto conhecer a próxima profissão, é entender o porquê se deve e/ou se deseja mudar e, claro, viver esse momento de forma intencional, planejada e, consequentemente, mais equilibrada. Porém, como bem sabemos, o cenário mais comum é de pessoas transitando de um emprego para outro sem perspectiva de encontrar um emprego ideal para si, apenas levando em consideração os salários e benefícios, o que contribui para que este trabalhador se fruste novamente e tão breve inicie um novo ciclo de busca de um outro emprego, causando, dessa forma, prejuízos tanto para o empregado quanto para o empregador.

Após mais de 15 anos de experiência profissional em áreas distintas, como operária de uma fábrica de autopeças, auxiliar administrativa, agente de viagens, recepcionista, entre outras, um dos aprendizados mais valiosos que obtive foi que, "pior do que não saber qual caminho percorrer, é não saber onde se quer chegar". Ou seja, se não temos clareza do que queremos para a nossa vida, como saberemos o que almejar e o que, de fato, nos satisfaz e nos faz felizes?

Será que hoje você está trilhando um percurso no qual os possíveis/prováveis resultados fazem sentido em sua vida? Você se considera uma pessoa bem-sucedida profissionalmente? Se sim, parabéns! Você "pagou o preço", fez o que devia ser feito e hoje pode desfrutar de seu sucesso! Mas caso a resposta no momento seja "não", o que faria de você uma pessoa bem-sucedida?

O sucesso é algo muito subjetivo e pessoal. Para uns, o sucesso pode ser a riqueza financeira, para outros, pode ser a realização profissional, um legado, flexibilidade de horário, independência geográfica, qualidade de vida, entre outros. São inúmeras as formas de sucesso, muitas vezes um conjunto de diversos fatores, cabe a cada um compreender e definir o que é o sucesso para si.

Toda experiência vivida é válida? Com certeza! Porém, como seria a nossa sociedade se os jovens saíssem das escolas já conhecendo suas qualidades, suas competências, seus pontos a serem nutridos e prontos para atuarem no mercado de trabalho com um direcionamento assertivo para o seu emprego ideal? Qual seria o provável nível de satisfação do empregador, do empregado e de seus clientes? Quais as chances de termos um serviço com mais qualidade? De termos um trabalhador, um cidadão que, ao retornar para a sua casa, se sinta realizado e reconhecido, sabendo que ele está atuando em uma profissão que está de acordo com seus valores e princípios, e mais, que tem total ligação com suas aptidões e dons naturais? Parece utopia, não é mesmo? Mas é real!

Muitas pessoas já estão vivendo dessa forma e o cenário atual mostra que as pessoas estão cada vez mais em busca de qualidade de vida e equilíbrio entre a vida pessoal e profissional.

Segundo uma matéria lançada em 30/06/2022 pelo G1, "*País bate recorde de pedidos de demissão em 12 meses*". E o que isso significa? Isso demonstra que a nossa sociedade está mudando, que algumas profissões estão sumindo e outras estão surgindo por conta do mundo moderno, que o home office está sendo aderido cada vez mais pelas empresas, tanto que, para muitos profissionais, tornou-se a modalidade preferida após a pandemia. Dentre uma parte considerável desse número, estão aqueles trabalhadores que estavam atuando em um ramo totalmente diferente do qual eles gostariam de estar, seja por qualificação profissional, questões financeiras ou, até mesmo, pelas facilidades que o empregador apresentou no momento da contratação.

E, com tudo isso, como está o mercado de trabalho no momento?

Segundo um estudo do LinkedIn, "*49% dos entrevistados estão considerando mudar de emprego em 2022*". Você faz parte dessa porcentagem?

Estes números são recentes, visto que este livro será lançado em 2022, porém a "dor de atuar em uma profissão errada" é algo que sempre existiu, independente de qual ano estamos tratando. Portanto, diante de um mercado de trabalho vasto de possibilidades, como transitar para o seu emprego ideal?

Conheça os 8 passos para transitar para a sua profissão ideal de forma segura, assertiva e equilibrada:

Passo 1: livre-se do "paradoxo da decisão", que, segundo o psicólogo americano Barry Schwartz, acontece quando tomamos uma decisão ruim por ter opções demais. Ou seja, faça uma lista e anote as profissões que façam sentido para você, que chamem a sua atenção e que causem uma boa sensação ao se visualizar atuando em determinada área.

Passo 2: invista em autoconhecimento. É imprescindível que você tome consciência de toda a potencialidade que existe dentro de você, a sua real identidade. Para isso, você pode focar a sua leitura em livros de desenvolvimento pessoal, assistir a palestras sobre este tema, buscar um *coach*, um analista de perfil comportamental, profissionais qualificados que sejam capazes de te orientar nesta jornada do autoconhecimento.

Passo 3: desenvolva cada vez mais a inteligência emocional. Hoje em dia, sabemos que um bom currículo não é o suficiente para garantirmos a tão sonhada vaga do emprego dos sonhos. Um dos momentos mais relevantes durante todo o processo de contratação ocorre na fase da entrevista, quando o entrevistador observa e avalia as competências sociais do candidato. Além disso, grande parte das demissões não ocorrem por falta de conhecimento técnico/teórico, mas devido a problemas de relacionamentos entre os trabalhadores. Visto a relevância da inteligência emocional, treinamentos, vídeos, cursos, palestras, workshops, livros de inteligência emocional, dentre tantas outras formas, são de grande valia para o indivíduo que busca obter sucesso em sua profissão.

Passo 4: invista nas *soft skills*, que são as competências comportamentais e as habilidades pessoais de cada indivíduo. Profissionais criativos, persuasivos, colaborativos, adaptáveis e com inteligência emocional são capazes de conquistar uma excelente vaga de trabalho, pois possuem competências que serão cada vez mais valorizadas e requisitadas pelos empregadores.

Passo 5: elabore um plano de transição. Agora que você já identificou quais profissões te agradam, você já conhece sua verdadeira identidade, sabe de suas competências e aptidões, tem inteligência emocional e está preparado não somente para uma entrevista de emprego, como também para atuar de forma adequada em seu novo emprego, é hora de colocar todo o plano no papel, definindo qual é o seu estado atual, qual é o seu objetivo final e de que maneira você conseguirá chegar ao seu resultado desejado (passo a passo), definindo também, o prazo (com dia/mês/ano e hora) para cada objetivo ser concluído (ao final deste capítulo você encontrará um QR Code com um "modelo de plano de transição" para que você já entre em ação!).

Passo 6: antes do momento tão esperado que é o de finalmente mudar de carreira, vale uma reflexão: "O que faz esta nova profissão ser realmente a ideal para você?". No livro Ikigai, o autor e neurocientista Ken Mogi resume esta palavra em *"o motivo que faz você acordar todos os dias"*. Esta profissão desperta este sentimento em você?

Passo 7: outro ponto importante a ser levado em consideração: quais serão os ganhos e as perdas que você terá ao transitar da carreira atual para a futura carreira? Pois toda decisão envolve ganhos e perdas, e é essencial que você avalie estas questões para que identifique o momento adequado para realizar a tão esperada transição de carreira e, assim, ela possa ocorrer de maneira tranquila e consciente, sem que haja arrependimentos no futuro.

Passo 8: por fim, avalie quais são os valores, o propósito e a visão desse novo emprego, da empresa, suas políticas internas, e verifique se tudo isso está alinhado às suas expectativas, suas competências e seus valores pessoais.

Agora que você percorreu todo o caminho necessário para viver a sua tão esperada transição de carreira de forma eficaz e consciente, saiba que sempre existiu um grande potencial dentro de você, e foi justamente isso que te impulsionou e que te tirou dos empregos anteriores. Quando você não está no seu emprego ideal, você sente dentro de si uma inquietação, um vazio, uma frustração, como se uma luz dentro de você fosse se apagando aos poucos, e você tem a certeza de que existe algo melhor te aguardando lá fora. Você tem o poder de transformar a sua maior dor em sua maior alegria, a decisão está sempre em suas mãos.

Viver uma transição de carreira bem estruturada requer coragem, foco e determinação, porém aqueles que decidem passar por essa mudança já optaram por um estilo de vida melhor, e mais, enxergam além do que existe no presente, conseguem visualizar a vida extraordinária logo à frente, o que os impulsiona cada vez mais a continuarem nessa jornada.

Se você alguma vez visualizou a sua vida fantástica, pode ter a certeza de que ela já está reservada a você. O que fará com que ela se torne realidade ou não são as suas decisões e ações. Você sempre tem duas opções: ficar parado ou caminhar até conquistar seus objetivos. Qual você irá escolher?

QR Code do “Modelo de Plano de Transição de Carreira”:

“Você tem o poder de transformar a sua maior dor em sua maior alegria, a decisão está sempre em suas mãos.”

Lumy Nakamura

Carlos Melo

Sou Carlos Melo, *coach* formado pela Febracis e franqueado Select da Febracis. Graduado em Jornalismo e em Relações Internacionais, especialista em Negócios Internacionais, possuo vasta experiência em transações e comércio exterior.

Atualmente, desenvolvo minhas atividades profissionais como *coach* e palestrante em sua empresa, atendendo nas modalidades *life* e *business*. Tenho me tornado conhecido como multiplicador de faturamento no ramo empresarial.

carlosmelo.coach

carlosmelocoach.select

Carlos Melo – Coach

81 9 9662.2204

carlosmelo.coach@gmail.com

AS ARMADILHAS QUE ENVOLVEM AS CARREIRAS

Por Carlos Melo

Se você está passando por um processo de transição profissional é provável que em determinado momento de sua vida você tenha caído em alguma armadilha que envolve a construção de uma carreira. Além de ter transicionado, eu também tive a oportunidade de conhecer, em minha trajetória, algumas dezenas de pessoas que passaram por esta fase de mudança. O que a maioria delas apresenta em comum é que tiveram que definir uma profissão e ingressar no mercado de trabalho muito cedo, o que contribuiu para que a escolha não fosse assertiva. No meu caso, eu caí na primeira armadilha que se apresentou: o desconhecimento de minhas habilidades e de como aplicá-las a uma profissão.

Cair nesta primeira armadilha, implica escolher uma carreira que não tenha relação com as coisas que você tem prazer em fazer e que faz com excelência. Isto te direciona para um contexto muito insatisfatório em que, para ter bons resultados, você vai precisar de esforços muito grandes, o que pode te levar a sacrificar o convívio social, familiar, religioso, intelectual etc. Em casos mais graves, o indivíduo pode criar inconscientemente estratégias de "fuga" que lhe permitem "aturar" o quadro insatisfatório que se encontra. Como exemplo, a popularização da crucificação da segunda-feira e a louvação da sexta-feira. A primeira, que marca o retorno ao contexto laboral e a segunda, a saída dele. Isso não acontece quando você faz a escolha correta, está no seu lugar certo e com sua identidade fortalecida.

Conheço este quadro por tê-lo vivenciado tempo suficiente para enfraquecer minha relação conjugal e com minha filha. Meu valor principal era a família, mas, cotidianamente, eu dedicava a maior parte do dia para o trabalho. Acreditando, de forma equivocada, que estava fazendo o melhor para meus familiares. A justificativa que eu contava para mim mesmo era a de que as 12 ou 15 horas diárias que eu passava no escritório, eram para proporcionar conforto e segurança financeira para nós. Esta historinha quase custa o fim de um relacionamento de 8 anos.

A maior evidência de que se tratava de uma relação pessoal-profissional disfuncional era que, meus resultados, decorriam da dedicação da maior parte do meu tempo, o que fazia de mim produtor e não produtivo. Qual era realmente o tempo que eu tinha para minha família que deveria ser minha prioridade? Eu estava coerente com meus valores? Você se identifica com algo?

A baixa produtividade, apesar de render excelentes números para as empresas por onde passei e honro cada uma delas, me custou também a saúde, apesar da pouca idade. Por várias vezes, precisei recorrer à fisioterapia e ortopedia para tratar os problemas de natureza ergonômica. Estive em um quadro de quase obesidade em decorrência do sedentarismo e da baixa qualidade da alimentação, o que repercutia diretamente na minha autoimagem. Você se familiariza com algo nesse relato?

Hoje, olhando para esse passado não tão distante cronologicamente, porém em termos de amadurecimento e alinhamento com meus valores, parece ter acontecido em outra existência. Consigo compreender exatamente minhas razões e de tantas outras pessoas, que sacrificam relacionamento, espiritualidade, saúde, filhos, família e tantas outras coisas, em decorrência da priorização profissional, que nem sempre se trata da profissão sonhada. A busca incessante por validação, reconhecimento e aceitação, revelam exatamente que essa primeira armadilha se conecta diretamente com a identidade do indivíduo que desconhece o verdadeiro sentido que cada área da vida possui, e que a base dessa identidade não está fora nem nas coisas. Ela compreende aquilo que nós somos e acreditamos.

Quando não temos clareza sobre isso, o que ocorre é essa inversão de valores onde o *ter* e o *fazer* passam à frente do *ser*. Isso quer dizer que antes da minha profissão, do meu carro novo e da minha conta bancária, eu sou pai, sou filho, sou irmão, sou esposo, amigo e tudo que mais se relacione com minha identidade. Pessoas que não se sentem felizes e realizadas em seus trabalhos precisam se dedicar mais que o necessário na tentativa de se sentirem pertencentes e importantes. Essa crise nos leva diretamente à próxima armadilha.

A segunda armadilha é o medo. Ele funciona como um agente paralisante e que impede as pessoas de se arriscarem e as mantém prisioneiras em um lugar que muitos chamariam de "zona de conforto". O que ocorre é que de confortável ela não tem nada, por se tratar de um lugar que demanda muita energia e tempo e, por vezes, com um retorno financeiro que não permite o fechamento do orçamento dentro de uma proposta de vida realmente abundante. Sabe aquele contexto em que você escolhe a escola do seu filho pelo preço? Sabe quando suas roupas são compradas de acordo com o limite do seu cartão e não coerente com seu gosto? Sabe quando você pede o cardápio para ver os preços e não os pratos? É dessa realidade escassa que falo e é exatamente onde muita gente se prende.

O que te mantém nesse lugar? O medo de faltar seu sustento? Será que você não se acredita capaz de conquistar uma melhor colocação profissional?

Por muitos anos, me considerei uma pessoa livre dessa armadilha. Trabalhei em muitas empresas de grande porte e movimentava milhões de dólares em todas elas, sempre conseguindo importantes *savings* nas transações que realizava. Quando não conseguia vislumbrar um posto maior que pudesse aproveitar minhas habilidades, sempre buscava em outra empresa essa oportunidade e nunca deixei de conseguir. Conseguia tanto postos melhores em termos de hierarquia, como também de remuneração. Isso me fazia acreditar que era livre do medo.

No entanto, houve uma prova a qual fui submetido que pude ver o quão preso estava nesta armadilha. Quando abri minha empresa, me vi paralisado. Não consegui, durante meses, focar meu tempo e minha energia apenas na minha empresa e me afastar da profissão que vinha exercendo até então. O medo era de escassez. Tinha medo de faltar pão, saúde, moradia e tudo o mais que o dinheiro conseguia pagar. O que eu não conseguia ver é que meu propósito havia me encontrado de forma extraordinária e que quando nos entregamos a ele, o dinheiro flui como consequência e tem um outro significado.

Uma boa parcela das pessoas que conheci que não se sentem felizes em suas carreiras vivem uma relação de aprisionamento com seus trabalhos por não se acreditarem capazes de conseguir uma colocação profissional mais coerente com seus valores e com melhor rentabilidade.

A terceira armadilha é a falta de uma visão positiva de futuro. Ela consiste na capacidade de você conseguir visualizar sua vida daqui algum tempo, que pode ser de meses ou anos, em detalhes como: seu salário, suas aplicações financeiras, seu peso, seu endereço, o tamanho de sua empresa, os resultados dos seus exames e tudo que você acredite ser importante. Quando não conseguimos vislumbrar o futuro, significa que estamos impedidos de ousar passos adiante. Passos em direção a um emprego melhor, a faculdade ou curso dos sonhos, a empreender, e tantos outros passos que deixamos de dar por não conseguirmos nos enxergar vivendo uma realidade profissional plena. Por plenitude, entenda uma carreira que aproveite seus talentos, lhe permita uma vida fora dela e que possibilite uma remuneração coerente com a vida que você vislumbre, sem passar por privações. Entre as pessoas que não conseguem visualizar um futuro positivo, o sentimento mais comum que pude observar é o de insegurança.

Se eu te pedir para você se imaginar daqui a 5 anos, você conseguiria me responder agora, com riqueza de detalhes: qual o seu salário? Que roupas você veste? Onde você trabalha? Qual o seu novo cargo? Que perfume você está utilizando? Qual carro você dirige? Como está sua vida familiar? Eu poderia fazer muitas outras perguntas, mas estas são suficientes para tirar algumas conclusões. Se você conseguir responder a todas elas, sem pensar muito, significa que você sente esse futuro e que já pensou sobre ele. Se você não tem clareza sobre essas respostas ou perguntas, é possível que você esteja se movimentando no medo e na insegurança. Isso vai te manter no lugar de sempre.

Para simplificar a compreensão dessas três armadilhas das carreiras, eu criei uma pirâmide. A PACA – Pirâmide das Armadilhas da Carreira. Nesta pirâmide, a base está representada pela identidade, o corpo pelo medo e no topo está a falta de visão positiva de futuro e cada uma dessas partes traz consigo seus principais perigos.

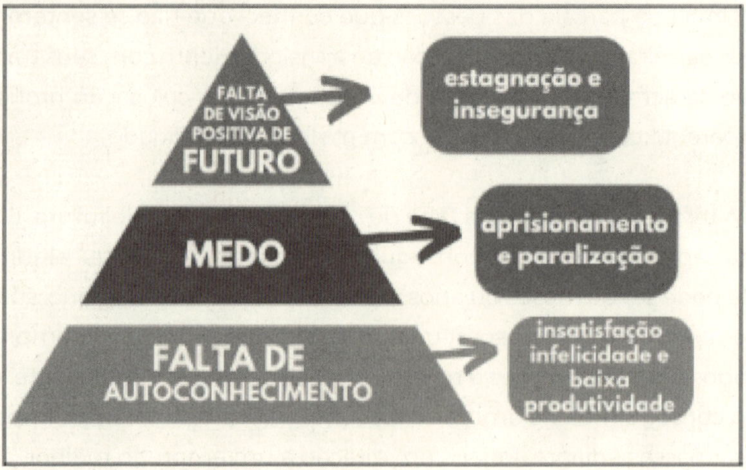

FIGURA 01 – PACA – Pirâmide das Armadilhas de Carreira

Conhecer as armadilhas que envolvem uma carreira nos coloca no primeiro nível necessário para que todas as mudanças comecem a acontecer: o nível da consciência. Sozinha, a consciência não é capaz de promover mudanças. Ela precisa ser seguida de ações assertivas e intencionais para que tanto as mudanças quanto os resultados apareçam. Entretanto, as ações precisam de um ponto de partida, tendo em vista, um objetivo. É exatamente aí que reside a grandeza da consciência e o objetivo deste capítulo. Te mostrar com base em experiências vividas e presenciadas que você pode estar em um lugar que não é seu.

É fácil identificar isso, se você consegue responder aos questionamentos que foram feitos e se eles te causaram inquietação. As respostas te dirão onde você está. A inquietação te fará buscar um caminho diferente. Um caminho estratégico e alinhado aos seus valores. Nenhuma das coisas grandiosas já feitas pelo ser humano surgiram antes do desconforto, das tentativas e também dos erros.

Finalizo esse texto, te convidando ao desconforto do desconhecido e à grandeza do seu real potencial. Uma vida extraordinária te espera, se você for capaz de pagar o preço de romper as barreiras do medo e a ousar visualizar um futuro grandioso.

“A consciência precisa ser seguida de ações assertivas e intencionais para que tanto as mudanças quanto os resultados apareçam.”

Carlos Melo

Diorgenes Garcêz

Sou Diorgenes Garcêz de Sousa, filho de Deus, de Esdras e Luiza e irmão de Denysson e Dayana. Esposo de Flávia, pai de Cecília e de um anjo que está na companhia do Senhor.

Acredito na transformação das pessoas, sou *Master Coach* Integral Sistêmico, treinador e palestrante na área de inteligência emocional e desenvolvimento humano, também atuo como analista comportamental, *coach* de performance familiar e *coach life*.

Formado em Química Licenciatura (UFMA), pós-graduado em Docência do Ensino Superior, cursando pós-graduação em inteligência emocional pela Faculdade FEBRACIS.

diorgenesgarcez.mastercoach

98 98837.8458

diorgenes_garcez@hotmail.com

diorgenesgarcez37@gmail.com

oseucoach.com/diorgenesgarcez

A TRAJETÓRIA DAS CARREIRAS

Por Diorgenes Garcêz

Acredito que você algumas vezes já deve ter se perguntado: "Qual caminho devo percorrer para que eu possa fazer a melhor trajetória para alcançar uma carreira de sucesso?" Eu me fiz essa pergunta há mais de 20 anos, quando dei início à trajetória da minha carreira. A princípio, fui em busca de muitas fórmulas mágicas para eu descobrir por onde começar e o que fazer para alcançar, de fato, o sucesso.

Ao longo desta jornada, trabalhando com pessoas em empresas, universidades, escolas de rede privada e pública, atendimento de *coaching*, treinamentos e palestras, além de ambientes conjugais e familiares, estive em contato com diversos indivíduos que apresentavam alguns conflitos na área profissional, ou seja, muitas pessoas falavam dos seus pensamentos e sentimentos em relação à sua carreira profissional e isso sempre me chamava muita atenção, independente de qualquer setor. Foi daí que eu comecei a mapear as pessoas e o que elas estavam e gostavam de fazer, para assim, ir em busca da melhor trajetória para as suas carreiras.

Me permitir ouví-las com amor, verdade e humildade para entender quais eram as suas maiores reclamações e dores. Vou aqui citar as maiores dificuldades e desafios que muitas pessoas relataram para mim durante esse período; observe se você já enfrentou ou enfrenta, algumas das dificuldades e dos desafios a seguir:

1. Se sente perdido, sem saber por onde começar e onde quer chegar;
2. Se sente despreparado frente ao mercado de trabalho;
3. Não sabe que tipo de profissional quer se tornar;
4. Se sente desmotivado e sem expectativas na sua carreira;
5. Não tem planejamento e organização das ações que devem ser realizadas;

6. Vê sempre que o problema e os desafios estão nos outros;
7. Não sabe as habilidades e competências para realizar a trajetória;
8. Não tem tempo para estudar sobre o que devo aprender;
9. Tem dificuldade de relacionamento interpessoal na empresa;
10. Tem dificuldade de comunicação assertiva;
11. Não se vê como um líder.

Da lista, marque todas as dificuldades e desafios que você já viveu ou ainda está vivendo, e escreva abaixo todos que você marcou:

____

____

____

____

____

Estes são problemas sérios e dolorosos e eu percebi que muitas pessoas tinham dificuldade de saber como e por onde começar a mudar sua estrutura e trajetória de carreira. Entendi que, se quiséssemos mudar a situação, precisávamos primeiro mudar a nós mesmos, ou seja, percebi que a maneira como vemos o mundo é a fonte de nosso jeito de pensar e agir, e para que essa mudança aconteça, primeiro é necessário mudar nossa percepção.

Stephen R. Covey diz, *"Plante um pensamento, colha uma ação; plante uma ação, colha um hábito; plante um hábito, colha um caráter; plante um caráter, colha um destino"*. Então, eu vou lhe trazer 7 passos que eu realizei durante minha mudança e que me trouxeram resultados excelentes na trajetória da minha carreira. Mas, para que você tenha resultados positivos, lembre-se: o esforço precisa ser diário e esse processo tem que ser respeitado, pois, colhemos o que semeamos, logo não existe atalho, apenas caminho.

Antes de colocar esses passos em prática, fui mais profundo em busca de saber quais as consequências das pessoas que não os utilizavam. Concluí que a maioria delas deixava a zona de conforto tomar controle de suas mentes e das suas emoções, não conseguiam ter uma visão de como sair desse ponto. Consequentemente, seus salários ficavam estagnados, isso por si só causava total desmotivação, se sentiam perdidos sem saber como alavancar suas carreiras.

Isso acarretava problemas nos relacionamentos familiares e conjugais, além de níveis altos de preocupação, ansiedade e estresse que destruíram sua saúde.

A verdade é que acabamos nos enganando, já que estamos bem longe de viver como sempre sonhamos. O que de fato está ocorrendo é que nos encontramos cercados por uma zona de conforto e acomodados na falta de iniciativa para concretizar nossos planos. Segundo o PhD Paulo Vieira, zona de conforto "*é a combinação perfeita de várias mentiras paralisantes com data de validade vencida*". Talvez, essa esteja sendo a sua realidade hoje e por esse motivo é tão difícil aceitar essas palavras. É doloroso sair da zona de conforto e buscar o novo. Afinal, ele é incerto e não se sabe o que proverá.

1. Autoanálise

Meu primeiro passo foi fazer uma autoanálise profunda de quem eu sou, aonde quero chegar e quem eu quero me tornar como profissional, ou seja, uma tomada de consciência. Seja realista consigo mesmo: qual tem sido sua atitude diante da sua vida profissional? Como você tem se colocado no mundo? Com autonomia e ação ou você tem se acovardado? Como você reage diante dos desafios que surgem na sua vida? Quais sentimentos você sentiu ao responder essas perguntas? Que conclusões você tira com essa autoanálise? Responda a cada pergunta de forma clara e verdadeira, para lhe trazer total consciência se de fato você está dando o seu melhor e identificar seu estado atual.

2. Planejamento

O segundo passo é ter um bom planejamento, ou seja, ter em mente objetivos claros e específicos, pois, qualquer pessoa que queira sair de um lugar mediano e atingir o extraordinário merece seguir essa jornada, onde nesse planejamento consistente tem que haver suas metas, quais competências e habilidades você tem, quais precisam ser desenvolvidas, além de seguir o caminho e se afastar dos atalhos que vão surgir na jornada. Detalhe: utilize sempre para cada ação que você for fazer, o dia, mês, ano e hora que essa ação vai ser executada, pois, o cérebro precisa desses estímulos para ir em direção aos seus objetivos e metas.

3. Autorresponsabilidade

O próximo passo é ser autorresponsável, tomar o controle de suas atitudes e ações, pois a vida é sua e só você sabe o que quer e onde quer chegar na sua trajetória de carreira, logo, você é o único responsável pelos seus resultados. Reconheça seus erros, não reclame, não critique, busque soluções, faça-se de vencedor, tenha maturidade e se permita sempre aprender algo novo, se você é o único responsável pelos seus resultados, então agradeça, pois é o único responsável em poder mudar esse cenário.

4. Proatividade

Ser proativo é a capacidade de tomar iniciativa em relação aos acontecimentos, visualizar e antecipar futuros problemas, evitando assim uma eventual crise, saindo da zona de conforto. Logo, ter sucesso é antecipar suas ações, para assim, antecipar os seus resultados e transformar a sua realidade.

Como ser proativo? Essa foi uma pergunta que muitas pessoas me fizeram durante a minha jornada, porque a proatividade é uma característica que qualquer pessoa pode adquirir, basta treinar diariamente, esta é uma habilidade ligada diretamente ao comportamento humano. Portanto, é essencial que nós busquemos a mudança para ser um profissional diferenciado e proativo, porque pessoas transformadas transformam a sociedade.

5. Resiliência

Ser resiliente é ter a capacidade de lidar com problemas e adaptação às mudanças. Quando eu percebi que teria que trabalhar fortemente essa habilidade em mim, os resultados na minha carreira foram acontecendo de forma extraordinária. Observei os profissionais de sucesso e o que eles tinham em comum, descobri que era o poder de ser resiliente, ou seja, são pessoas que observam os problemas como oportunidades e com otimismo, se permitem errar e aprendem com seus erros, adquirindo novos aprendizados e são fortes emocionalmente.

6. *Networking*

Outro passo importante: fazer *networking*. Demorei muito tempo para entender a importância de fazer conexões com as pessoas certas para viver as experiências certas, por isso eu enfatizo a importância do *networking*. Faça conexão com pessoas que vão favorecer o seu crescimento, não esqueça que pessoas precisam de pessoas. Busque construir uma rede de contatos sólida, pois na minha e na sua carreira é muito importante ter esse entendimento. Para mim, o *networking* tem o princípio do "ganha-ganha", acho sensacional a frase do escritor José Ricardo Noronha, "*networking* é a arte de ser interessante, sem ser interesseiro".

7. Humildade

Chegamos ao último passo: seja um eterno aprendiz. Augusto Cury diz: *"Sou um eterno aprendiz que, no traçado da história, tenta entender quem sou. Sou apenas um caminhante à procura de mim mesmo"*. Isso nos mostra a importância de estar sempre na busca de novos aprendizados. Não esqueça, nunca estamos prontos e se você pensar que está pronto, tome cuidado, pois você acaba de entrar nas grandes armadilhas de sua trajetória, que são arrogância e prepotência. Seja humilde e reconheça aquilo que você ainda não sabe e busque sempre aprender mais para você se desenvolver, o aprendizado vai lhe trazer sua transformação e grandes mudanças.

Você que está lendo esse capítulo, pensou que a sua trajetória seria mais desafiadora? Seria como uma fórmula matemática, que ia ter grandes dificuldades para resolver? Lendo e anotando os passos acima, como está se sentindo nesse momento? Você conseguiu perceber que é possível? Percebeu que todos os passos têm a ver com a sua mudança?

Sim, é possível atingir uma carreira como pretende. Se desafie diariamente, tenha constância, aprenda com seus erros e vá em busca verdadeiramente do que você quer ser e se tornar, com esse conhecimento que você tem nas suas mãos, o momento agora é de agir. Levante-se, faça seu plano de ação e vá em frente, não deixe que nada e nem ninguém destrua seus sonhos. Seja diferente, mude a si mesmo, transforme sua forma de pensar, de sentir, e tudo será diferente. Tudo irá se adequar de forma coerente com a nova pessoa que surge: você!

Deixo aqui o meu desafio: siga sua caminhada e viva a jornada!

Gratidão, honra e fé!

CONTEÚDO COMPLEMENTAR
Link da ferramenta: Plano de Ação (5W2H)
https://bit.ly/PlanodeAção5W2H

“Ter sucesso é antecipar suas ações para antecipar os seus resultados e transformar a sua realidade.”

Diorgenes Garcêz

Johnny Simões

Sou Johnny Simões, empreendedor, proprietário de duas empresas tradicionais, uma com 24 anos e outra com 10, ambas com sede própria. Sou mentor e *coach* de identidade e propósito.

Com a experiência de vivenciar "a última fase do ciclo" como Tricampeão Mundial e Campeão Brasileiro em fabricação de trens de pouso, nas competições WarBirds (2018), Florida Jets (2019) e Top Gun (2008/2022) e viver uma jornada de improvável ao melhor do mundo, proponho ajudar você a transformar sua identidade, na certeza de chegar à 4ª fase e com grandes chances de passar para a 7ª e me ensinar a 8ª. Ao ler o meu texto, você vai entender o que isso significa!

Você é aquilo que aprendeu a ser. Para extrair sua melhor versão é necessário aprender mais. Terei um enorme prazer em te ouvir.

johnnysimoes

11 99296.3039

O CICLO DA CARREIRA

Por Johnny Simões

No decorrer da jornada, transitei de carreira algumas vezes e notei que todas obedeceram a um ciclo, independente da minha maturidade e crenças. O relato neste capítulo se refere à minha experiência pessoal e profissional e não significa uma regra absoluta.

Fui criado, desde a infância, para estudar uma profissão e trabalhar em uma empresa pelo resto da vida até me aposentar e curtir a velhice numa boa. A crença embutida era que se eu tivesse um bom emprego e uma aposentadoria, estaria seguro. Hoje eu diria que sim, pois quem nasceu para empreender o fará como patrão ou empregado.

Empreendo desde os 9 anos de idade. Imagine você a confusão mental que causou: de um lado eu crendo que meus ganhos eram infinitos trabalhando por conta própria e do outro, sendo taxado como rebelde e teimoso, por não querer saber de ter um emprego fixo. Debaixo de palavras do tipo: "Larga disso, você não vai dar em nada! Você é burro, incompetente! Sua prima virou médica e você me envergonha dirigindo um guincho!", entre outras que dispenso dizer, o que resultou foi uma *identidade distorcida* e uma confusão mental absurda do que seria de mim: um fracasso, um sucesso ou medíocre? Até 2005, tudo o que eu fazia tinha o propósito de provar para os meus pais que eu venci.

A identidade distorcida e o propósito egoísta não me deixavam passar da quarta fase do ciclo, pois quando eu me estabilizava e provava que tinha dado certo, ficava desmotivado e mudava de ramo ou estagnava.

O ciclo observado na minha vida desde aqueles tempos até hoje, eu divido em 7 fases, das quais as três primeiras são as decisivas. Esse ciclo trará clareza do que te espera pela frente, então antes de explorar esse ciclo, peço que anote os princípios que te farão vencer as fases.

- *Tenha um propósito glorioso.*
- *Seja seu único concorrente.*

- *Não pare por nada, estude muito, se especialize.*
- *Desenvolva uma identidade forte para proteger seus sentimentos.*
- *Estabeleça seu cliente-alvo.*

Muito se ouve falar em "faça como se fosse para você". Isso é um perigo, porque se você tiver uma crença limitante se contentará com pouco, mas seu cliente, não. O resultado tem que impressionar o mundo e não a você, se reinvente sempre. Eu elegi a Deus, faço para impressionar a Ele pois sei que é exigente.

Entre muitos outros, esses foram os princípios mais relevantes que me levaram a ser Tricampeão Mundial com os trens de pousos que fabrico e que também salvaram meu casamento.

No ciclo da carreira, vencer as 3 primeiras fases são fundamentais para o sucesso e longevidade, então vamos lá:

1ª. Eles vão rir de você abertamente

Sim, eles são cruéis. Vão tirar onda da sua cara, vão fazer chacotas e piadas diretamente a você e te ridicularizar.

Mesmo sendo tricampeão como fabricante, quando comecei a carreira de treinador de identidade e propósito, a turma rolava de rir. Fui ridicularizado em festas de amigos, em grupos de whatsapp, etc. Fui apelidado de Henry Cristo, o monge tibetano. Como superar isso?

Propósito e identidade, a opinião deles não diz respeito a quem você é, portanto, desenvolva uma mente forte que você protegerá o coração sensível.

2ª. Vão desdenhar e te criticar no oculto

Essa fase é terrível emocionalmente, pois é nela que você vai questionar o motivo de estar fazendo o certo e nada acontece. É quando você se compara e quer desistir.

São as forças contrárias agindo em você, dando a entender que todo seu esforço foi em vão. É aí que se deve vencer o sentimento de fracasso e persistir, nesse ponto só a fé te salva da desistência.

3ª. Vão fazer o possível e o impossível para te parar

É nessa fase que começam a te reconhecer como uma ameaça real, um concorrente em potencial e os primeiros resultados aparecem.

É nessa fase que começam as fofocas, as mentiras a seu respeito, a falta de ética, a espionagem secreta, as traições e principalmente, as armadilhas para te destruir.

Então não pare, foque no seu cliente-alvo, na excelência e se atualize ainda mais tecnicamente e mentalmente.

Nessa fase, o desânimo bate duro também, pois os seus resultados ainda não estão congruentes e proporcionais ao esforço empregado. Não pare! Busque força em Deus, fortaleça a sua identidade, olhe para trás e veja o quanto já progrediu.

Esse ponto é decisivo no ciclo, se você vencer essa fase o sucesso estará a seguir.

4ª. Vão te aceitar com desconfiança

Aqui começa a colheita que te motiva, a sensação de pertencimento ao mercado e uma certa autoridade já foi construída. Nessa fase, os resultados são palpáveis e alguns concorrentes ficaram para trás. Era nesse ponto que eu começava a descer a ladeira. O propósito era raso, as crenças limitantes diziam que estava bom e o ego gritava.

É nessa fase que vive "o cara". O dinheiro supre as necessidades e você está feliz. Mas é aqui também que você começa a desprezar os princípios que te trouxeram à felicidade. Já não atende mais e despreza os pequenos clientes, realiza sonhos particulares fora do tempo, sente que nada e ninguém pode te derrubar. Nessa fase, o mais importante é você olhar para o passado e lembrar de onde você veio e para onde não deseja voltar, ter humildade.

É aqui que os relacionamentos conjugais acabam, se fazem dívidas sem planejamento de futuro, acabam grandes amizades e reina a ingratidão.

Essa fase é a moradia do "Dono rico de empresa pobre" (Rick Chester) e grande parte dos fracassos aparentemente sem causa acontecem.

5ª. Vão te respeitar e te invejar

Daqui em diante só será possível se seu propósito for glorioso e sua identidade indestrutível, pois você já é *expert* no que faz, conquistou um financeiro saudável e se sente seguro. Para muitos, chegar até aqui é mais que o esperado. Aqui você está em alta, joga o jogo dos grandes e venceu na carreira, parabéns!

Nessa fase, você conseguiu uma boa estrutura, disputa o mercado com os mais importantes, é admirado pelos seus clientes e invejado pelos seus concorrentes e familiares. Aqui, seus concorrentes tentam descobrir seus segredos e alguns dirão que foi sorte.

Nessa fase, você desfruta e realiza sonhos particulares sem o sentimento de ostentação, *a riqueza é normal agora e faz parte do cotidiano.* Também é a fase de tomar decisões dolorosas, como deixar a intimidade com pessoas do passado, pois se em seu novo ciclo de amizade o comum é ter um cavalo árabe ou um carro importado, você estará vivendo essa realidade, e as pessoas do passado te julgarão como ostentador. Nessa fase, eu parei e transitei de carreira, meus valores pessoais mudaram. *Quando você acha todas as respostas, a vida muda as perguntas.*

Em 2011, nossa clínica já estava em sede própria, minha família de casa própria, carros novos, pousada na praia e casa de campo. Nesse tempo eu surfava e viajava para fora do país três vezes ao ano, em busca da onda perfeita. Mas em 2014, nada daquilo fazia mais sentido, pois vivia um mundo perfeito e me sentia um inútil. *O homem morre quando deixa de sonhar.*

Em uma tarde ociosa, revirei gavetas de documentos e encontrei meu diploma de técnico em mecânica de precisão de 1986, já amarelado do tempo e chorei. Estudei 4 anos em período integral, gastei minha juventude e percebi que eu não estava realizado profissionalmente, pois havia ganhado a vida fora daquilo que estudei para ser.

Com ele nas mãos enquanto chorava, jurei honrar aquele diploma, nascia ali um novo propósito, onde o financeiro não fazia sentido e sim, a minha profissão. Conversei com minha esposa e sócia na clínica, deixando tudo para ela cuidar e comprei uma máquina operatriz para começar a relembrar do meu conhecimento.

Como gostava de aeromodelismo, comecei fazendo algumas peças para meus aviões e me especializei em trens de pouso escala e futuramente participaria de campeonatos dessa modalidade. No início, fazia alguns trens para os amigos de pista, depois algumas encomendas de novos e também reformas de trens usados de outros fabricantes.

Passei por todas as fases anteriores e, hoje, não só honrei meu diploma como me tornei campeão brasileiro na competição WarBirds (2018) e tricampeão mundial no Flórida Jets (2019) e no Top Gun (2008 e 2022). Com esse resultado, vivi as duas próximas fases.

6ª. Vão fazer de você referência

Aqui é o auge. Nessa fase, o seu trabalho é sonho de consumo para o público, a fama acontece e as pessoas tiram fotos com você e te pedem autógrafos. O ano era 2018 e eu apenas tinha conquistado meu primeiro título mundial. Lembro de estar com um amigo numa viagem de surf pela América Central, em conexão no México, quando se aproximou um casal, perguntando: "Você é o Johnny Simões?", " - Sim, sou eu", respondi.

O cara puxou a mulher pelo braço e pediu para fazer uma foto comigo enquanto falava para ela quem eu era no mundo do hobbie. Meu amigo com os olhos arregalados me perguntou se eu era famoso. Dei um sorriso e desconversei, pois ele me conhecia das praias e do surf, apenas.

Cuidado, isso infla o ego e te destrói. *"Não pare, uma crítica e um elogio tem o mesmo poder de te paralisar".*

7ª. O mundo irá te aplaudir de pé

Aqui é o extraordinário!

Nessa fase, você dita as regras, ninguém contesta nada e desistem de concorrer com você. Pois aqui, você já sabe o caminho do primeiro lugar e, principalmente, você aprendeu a se manter no pódio. Nosso querido Ayrton Senna disse essa frase: *"O difícil não é chegar em primeiro e sim, se manter na posição".*

Até aqui eu sei contar, até aqui eu vivi os resultados. Nesse exato momento, a vida mudou as perguntas novamente e um novo propósito surgiu, o mais nobre deles: vou treinar você a ter uma mente forte e um coração sábio, para que você descubra o seu propósito e chegue a resultados que jamais sonhou.

Eu sou corpo, alma e espírito: uma estrutura biológica celular que abriga o Espírito Santo de Deus, uma alma que gerencia pensamentos, discerne e direciona sentimentos e se renova a cada dia. A esse complexo foi dado, no nascimento em 1968, o nome Johnny Simões. Casado com a linda Adriana e pai de três maravilhosos filhos, sou grato a Deus pelos princípios, sabedoria e salvação por Ele concedidos.

“O topo da montanha não é lugar de morada, a vida cresce nos vales.”

Johnny Simões

ARAMIS

Gabriel Zalamena

Eu sou Gabriel Zalamena, filho amado de Deus, pai da Ana Luiza e Maria Fernanda, casado com a Bruna e filho da "Silvinha" e do "Kikão". Sou apaixonado por pessoas.

Formado em Gestão de Tecnologia, Formação Internacional em *Coaching* Integral Sistêmico (FCU/USA), Formação em *Business Coaching* ML5, Gestão em PerfilComportamental, atuei na área de tecnologia de 2005 até 2020. Desde 2021, atuo como *coach*.

gabrielzalamena

facebook.com/gabrielzalamenacoach

11 95469.0870

O QUE LEVA UMA PESSOA A FAZER TRANSIÇÃO DE CARREIRA?

Por Gabriel Zalamena

Desde adolescente trabalhei apenas para pagar as contas e mesmo assim faltava dinheiro no fim do mês. Com muitas dívidas, ia vivendo conforme "a banda tocava", deixava a vida me levar, sem fazer nada e esperando algo diferente acontecer. Tive muitas oportunidades de crescer profissionalmente em grandes empresas, mas deixei todas passarem, pois realmente não sabia o porquê de estar ali, ainda mais trabalhando tanto e ganhando tão pouco.

Eu era apenas mais um ocupando uma vaga de trabalho, sem uma visão futura de prosperidade, um objetivo, uma meta. Em quase todos os trabalhos eu fui demitido e quando me perguntavam o motivo sempre inventava historinhas do tipo " Ah, cara, fizeram um corte lá, como eu era o mais novato, sobrou pra mim" ou "Meu chefe não foi com a minha cara", ou até mesmo dizia que não sabia o motivo.

Me faltava atitude diante da vida, das oportunidades, das pessoas, da família. Pagava caro em cursos de TI e não me aprofundava para me tornar excelente naquilo que estava fazendo, pelo simples fato de não saber onde eu realmente me encontrava e para onde eu queria ir, realmente estava à deriva. Achava normal não poupar dinheiro, pois pensava: "E se eu morrer amanhã?", mas eu não me perguntava: "E se eu viver mais 50, 60, 70 anos?"

Quanto tempo vivi na zona de conforto, fazendo o trivial no trabalho. Contava tanta história para justificar a minha falta de ação, que aquilo se tornava uma verdade viva, esperando sempre um comando e, mesmo assim, quando o recebia, não agia de forma consistente. Esperava a sorte bater na porta, ou que algo caísse de bandeja em minhas mãos. Eu me sabotava tanto que contava mentiras pra mim mesmo e isso fazia me sentir menos culpado de não agir como deveria.

Nunca tive objetivos e o máximo que eu planejava como "meta" era o churrasco no final de semana, uma festa e olhe lá. Procurava atalhos para não ter que fazer o que realmente era necessário. Mesmo quando me arriscava em planejar algo, logo desistia. Na minha vida toda eu nunca havia assumido, de fato, minha responsabilidade, achava sempre uma maneira de me eximir da culpa. Sempre tive um ótimo relacionamento interpessoal em todas as empresas que trabalhei, mas a execução do trabalho, a responsabilidade com prazos sempre era um problema pra mim e eu não enxergava isso, porque na minha cabeça eu sempre estava certo e isso não me deixava aprender com os erros e fazer da maneira correta.

Por que eu estou contando isso, se o assunto é "o que leva uma pessoa a realizar uma transição de carreira"? Bem, porque a partir do momento que eu trouxe autorresponsabilidade para a minha vida, eu descobri que precisava dar uma reviravolta na minha vida profissional e isso impactaria diretamente minha vida pessoal e vice-versa. E impactou! Eu decidi mudar de carreira quando percebi que não estava fazendo um trabalho com prazer verdadeiro, como uma missão, um propósito, era apenas pelo medo. Medo? Sim, medo de não ter um emprego e não pagar minhas contas, trabalhava porque era preciso e não porque o que eu fazia no trabalho mudaria a vida de alguém. Era apenas um "recurso", assim chamado na área da TI. Apenas pelo dinheiro. E após passar inúmeros apertos financeiros, conjugais e familiares eu despertei!

O primeiro passo foi me conhecer de verdade, saber quem eu realmente era e isso foi transformador, quando olhei para minha vida com verdade, humildade e coragem e desprovido de orgulho, me amei e comecei a fazer as perguntas certas para mim: "Será que o que eu faço hoje, realmente tem a ver comigo?", "Por qual motivo eu trabalho nessa área?", "O que eu tenho proporcionado ao próximo executando o meu trabalho?", "Eu entrego o meu máximo hoje, fazendo o que eu faço e como eu faço?", "Eu realmente tenho prazer em trabalhar nessa empresa?", "Os meus valores e princípios estão de acordo com os da empresa a qual eu presto serviço?", ou "Eu realmente aplico meus valores e princípios na minha empresa?", "O produto que eu fabrico ou vendo faz bem para mim, para as pessoas que me cercam e aos meus clientes?", "Eu tenho um equilíbrio entre trabalho, família, amigos, lazer?", "Eu consigo realizar os meus sonhos e objetivos trabalhando aqui?", "Qual é a chance de crescimento profissional dentro dessa empresa a qual eu trabalho hoje?", "O que eu preciso saber para desempenhar um trabalho de excelência e ser reconhecido?"

Estes foram alguns dos questionamentos que eu me fiz para tomar a decisão de fazer uma transição de carreira de mais de 15 anos para fazer o que me toca o coração, o que me dá prazer e ainda ser muito bem remunerado por isso. Eu saí de um ganho de 33k por ano para um lucro de mais de 40k por mês. O meu propósito me encontrou assim que eu me questionei e me amei; hoje eu transformo vidas diariamente usando o *Coaching* Integral Sistêmico, sempre sendo um Herói Aprendiz. Saí da minha zona de conforto, parei de contar histórias paralisantes e mentirosas, decidi me conhecer de verdade, decidi ser quem eu nasci para ser.

Somente com essas perguntas acima, você já vai trazer consciência de como tem vivido e indico que faça muitas outras perguntas e mesmo que não consiga responder todas elas de imediato, fica em paz, tá tudo certo, pois a sua mente vai se encarregar de trazer essas respostas. Na minha profissão, não damos conselhos aos nossos clientes mas vai um conselho como amigo: se questione, até encontrar a pergunta de 10 milhões de dólares que vai mudar a sua vida.

A resposta para este capítulo é: o momento certo de fazer uma transição de carreira será quando você se conhecer internamente e emocionalmente a ponto de tomar decisões sem ferir você e quem o cerca.

Eu digo que existem 4 passos para ter clareza e dar os primeiros passos para a sua transição de carreira:

1 - Mude a mentalidade

O que você tem comunicado no seu dia a dia? Palavras de amor, bondade, carinho ou palavras de tristeza, reclamações, palavras negativas? O que tem visto ultimamente? Telejornais, novelas, filmes que não agregam para uma vida positiva? Você tem selecionado o que assiste e o que escuta? O que tem pensado? Seus pensamentos tem sido mais positivos ou negativos? Saiba que o nosso cérebro que não resiste a estímulos repetitivos sem que haja mudança nele, passa a acreditar que tudo isso de fato é real e aceitável e por fim, normal. Então, responda a si mesmo com muita verdade.

2 - Não se conforme com estado atual que sua vida se encontra

Não se conformar com o seu atual momento é um grande início, pois precisa de clareza de como sua vida está hoje e se isso não te incomodar e não te deixar inconformado(a) para onde levou sua vida, precisa voltar ao passo 1 e se questionar novamente. Saiba que somos responsáveis por tudo que nos acontece, seja por ação ou por omissão, saiba também que você é o único responsável para mudá-la. Nosso futuro são os resultados do que foi feito no presente que virou passado em milésimos de segundos, nós colhemos o que plantamos.

3 – Metanoia

A metanoia consiste na transformação de quem você era, o arrependimento pelo seu estado anterior. Decidir entrar nos lugares certos e sair dos lugares errados (lugares físicos, redes sociais, pensamentos, *sites*, filmes, etc). Decidir se aproximar de pessoas certas e se afastar de pessoas erradas (contágio social) e buscar o conhecimento certo vai fazer você chegar a um novo nível de mentalidade.

4 - Ação

Como diz Paulo Vieira: "Tem poder quem age, mais poder ainda quem age certo e superpoderes quem age, age certo e na hora certa". Do que adianta planejar, estruturar, imaginar e não tirar do papel? 1% de ação é muito mais do que 99% planejados.

Com muita verdade responda:

1 - Você se sente feliz hoje com sua profissão/negócio?

____

____

____

2 - De 0 a 10, o quanto você tem feito o seu melhor no seu trabalho?

3 - Com muita sinceridade, você contrataria alguém como você hoje?

4 - Os valores da empresa que você trabalha (ou seu negócio) são congruentes com seus valores e princípios?

5 - Após ler esse capítulo, qual aprendizado você obteve e quais decisões você toma?

“Você é a única pessoa que pode mudar a sua vida.”

Gabriel Zalamena

Giliane de Jesus

Sou Giliane de Jesus, cristã, mãe de Christian e esposa de Rogério. Formada em Engenharia Mecânica, pós-graduada em *Marketing* Estratégico e com MBA em Empreendedorismo, também sou *master coach*.

Durante 17 anos, trabalhei em uma multinacional onde em 2018, saí do cargo executivo de gerente de R&D (pesquisa e desenvolvimento de produtos), responsável por toda a América Latina, para abrir a minha oficina mecânica, a Oficina do Bem, o que na época foi considerado ousado, por eu ser mulher, mas, como sempre digo: tudo bem planejado dá certo!

E como deu! Em 2021, abri minha segunda empresa, meu escritório de *coaching* e treinamentos. Hoje, além de administrar a oficina, também ajudo pessoas a encontrarem sua melhor versão!

giliane.jesus

coach@gilianedejesus.com

gilianedejesus.com

AS FASES DA TRANSIÇÃO DE CARREIRA

Por Giliane de Jesus

Este parece ser um assunto simples, porém, é muito mais profundo do que as pessoas imaginam. No Brasil, em média, pessoas com 18 anos escolhem a profissão que as acompanhará para o "resto de suas vidas" ou, muitas vezes, nem a oportunidade de escolha se têm, muitos são coagidos pelas perspectivas de outras pessoas ou até mesmo apenas deixam a "vida levar", e isso, com o tempo, acaba trazendo uma necessidade de mudança.

Se hoje você lê este livro buscando clareza, ideias ou até mesmo entender seu momento profissional, você está no lugar certo, pois, o que talvez fosse bom no passado, hoje não faz mais sentido para você e está tudo certo!

Nos meus mais de 20 anos de carreira, pude acompanhar a transição de carreira de muitos profissionais e, claro, a minha própria. Observei que a transição tem 4 fases distintas e que as pessoas que não obtiveram sucesso em suas transições, acabaram não respeitando as 4 fases a seguir:

1ª. Insatisfação;
2ª. Propósito;
3ª. Plano;
4ª. Ação.

A fase da insatisfação é a primeira a se manifestar, ela começa a aparecer de diversas formas: desmotivação, questionamentos, apatia, *stress*, frustração, fracasso, vitimização ou, simplesmente, vontade de mudar e de crescer.

Nesta fase, devemos olhar para dentro de nós e com o autoconhecimento, identificar os reais sentimentos e suas causas-raízes. É comum que eu receba em meu escritório, profissionais que querem ser reconhecidos e crescerem, mas acham que para que isso aconteça, precisem sair da empresa onde estão e fazerem uma transição de carreira radical; mas, em muitos casos, basta algumas mudanças de atitude e um alinhamento na empresa para que a carreira decole. Outros que, literalmente, vivenciam uma profissão que escolheram por pressão familiar, são completamente infelizes e durante as sessões vão se conhecendo, se encontrando e tomam a coragem e iniciativa de fazerem as mudanças necessárias.

No início de minha carreira, no setor de engenharia mecânica, após uma mudança de supervisão, eu passei pela minha primeira insatisfação. Esse novo supervisor começou a me dar mais serviços administrativos do que de projetos (eu odeio serviços administrativos, mas adoro criar); então, em um primeiro momento, conversei com ele sobre minha insatisfação, porém como resposta, ganhei dois aumentos de salários, mas continuei nos serviços administrativos. Eu não estava feliz, acordava com a sensação ruim de não querer ir trabalhar e muito menos de encontrá-lo. Nessa época, eu ainda era imatura profissionalmente e acabei não procurando a gerência do setor ou o RH para falar sobre isso e comecei a buscar emprego em outras empresas. O gerente do setor, que foi meu primeiro supervisor, percebeu que comecei a chegar mais tarde e me chamou para conversar. Depois dessa conversa, ele tomou a decisão de mudar o meu supervisor e eu voltei a trabalhar com o que gostava, meu ânimo, alegria e motivação voltaram e eu pude continuar crescendo em uma ótima empresa.

Outro exemplo importante é do meu irmão, por ser mais novo, ele acabou sendo pressionado a seguir o meu exemplo, fazendo Engenharia; passou no vestibular, mas cada aula era um sacrifício. Quando estava no terceiro ano, não suportando mais estudar, veio conversar comigo e revelou que o desejo da vida dele era ser médico, mas que para concretizar esse sonho teria que estudar fora, por causa da nossa situação financeira. Concordei em pagar o curso e ele corajosamente enfrentou nossos familiares, principalmente nossa mãe que queria que ele terminasse Engenharia primeiro. Foi para outro país, com uma língua diferente, estudou muito mais, pois a carga horária de Medicina era quase três vezes maior que a de Engenharia, depois de formado ainda teve que esperar quase 1 ano na fila do "provão", pois, naquele país o aluno de Medicina deve passar em uma prova extensa, oral e individual, para demonstrar a bancada de médicos que realmente sabe diagnosticar e executar algumas práticas, e hoje, além de ser o orgulho da família, ele pode exercer a função de médico em 2 continentes, com a paz interior de poder fazer o que gosta.

Então, busque entender sua insatisfação para saber se você realmente tem que mudar de empresa, de área ou simplesmente fazer alguns alinhamentos na empresa onde trabalha.

Na fase do propósito, você deve aprofundar o seu autoconhecimento para entender suas habilidades e potenciais latentes (algo que fazemos bem, com facilidade e felicidade). No livro "*Propósito: A Coragem de Ser Quem Somos*", de Sri Prem Baba, ele explica que a humanidade caminha para o fracasso em não encontrar a tão felicidade desejada, porque tem o seu olhar voltado para fora de si mesma, para o futuro, para o bem material ou para o que os outros pensarão e que a cura está bem aqui e agora, dentro de nós.

Comece analisando toda a sua vida desde a infância até seu momento atual, quais foram as coisas que você fez bem e que sentiu prazer? Ou que realizou com o mínimo de esforço e que as pessoas elogiaram? Qual foi aquele trabalho que te fez acordar pela manhã com sentimento de felicidade, que se você não se "policiar", poderia passar o dia e a noite toda trabalhando com prazer? Qual o tipo de ambiente e de pessoas em que você gostaria de trabalhar? Sozinho ou em equipe? Viajando ou não? Na empresa ou em *home office*? Com tarefas ou com pessoas? Com rotinas e tarefas bem definidas ou com situações inovadoras? Gostaria de executar ou de tomar as decisões? Você gosta da empresa onde você está e dos seus colegas de trabalho? Gosta da sua função? Algo te incomoda? A sua liderança te motiva?

Você gasta mais do que ganha? Consegue ter vida profissional e pessoal? Cuida da sua saúde? Quer ter mais tempo para você e sua família ou gostaria de ter mais liberdade em sua agenda? Você se sente reconhecido? Já foi feliz onde está? Por que está infeliz agora? Se você mudar, causará desconforto em alguém? Você tem a coragem necessária? E se não der certo, o que fazer? Quais são as outras possibilidades? É possível fazer a mudança agora ou terá que esperar? Por onde começar? Como começar?

Quais outras perguntas cabem em sua situação?

Sei que são muitas perguntas, mas foram esses tipos de perguntas que me ajudaram e hoje ajudam os profissionais que me procuram, pois são as respostas para elas que te ajudarão a encontrar ou a se certificar que você está no caminho correto.

A fase do plano. Nessa fase, devemos analisar o ponto onde estamos e onde queremos chegar. Se a resposta para as suas perguntas te levaram à seguinte conclusão que:

- **Você gostaria de continuar na empresa**, porém, desde que certas mudanças ocorram. Então, se prepare para ter as conversas necessárias para alinhar. Sempre comece dizendo o porquê você gosta de trabalhar lá, que você acredita que pode contribuir mais e o porquê; sempre finalize perguntando o que a empresa espera de você, e o ponto de vista deles: como você pode melhorar, seja em comportamento, novos conhecimentos, treinamentos, etc.

- **Você gostaria de mudar de empresa**, então, sugiro aqui que você continue trabalhando no atual emprego, dando o seu melhor e ao mesmo tempo, atualize seu currículo e sua página na rede social profissional e faça uma lista do seu *networking*, de pessoas que trabalham em empresas onde você gostaria de trabalhar e os convide para tomar um café; faça a busca de vagas, busque profissionais ou empresas de RH para recolocação profissional e vá para as entrevistas de forma mais calma, pois o melhor momento para buscarmos uma recolocação no mercado de trabalho é quando estamos trabalhando.

- **Você gostaria de abrir sua própria empresa**. Neste caso, recomendo que faça um plano de negócio o mais detalhado possível. Aqui darei meu próprio exemplo.

Depois de 17 anos trabalhando em uma multinacional, com um cargo executivo em que eu trabalhava em média 14 horas por dia, inclusive nos finais de semana e feriados, através das respostas cheguei à conclusão que, pelo cargo e responsabilidade que exercia, não teria como trabalhar menos, mesmo em outra empresa. Como eu queria ter mais tempo para mim e para minha família, resolvi abrir meu próprio negócio. Meses antes de negociar minha saída da empresa, comecei a pesquisar e fazer meu plano de negócio, conversei com proprietários de oficinas mecânicas, com franqueadoras, visitei várias oficinas como cliente, conversei com outros clientes e pesquisei o que gostavam e suas necessidades; pesquisei a fundo os 4P's de *Marketing*, fiz os cálculos financeiros, etc.

Cheguei à conclusão que o meu primeiro ano seria muito difícil, financeiramente falando, pois uma oficina mecânica presta serviço, tem um custo fixo elevado (no padrão que eu montei) e até eu ter uma carteira suficiente para sustentar o negócio, eu deveria ter um caixa que aguentasse 1 ano de funcionamento. Então, tomei todas as providências necessárias para colocar o plano em ação. Meu desligamento da empresa demorou 11 meses, então, durante esse período, pude refinar meu plano, buscar o local e fazer a inauguração.

Na fase da ação, você deve colocar em prática o que você planejou na fase anterior. Mãos à obra!

Tenha fé, ousadia, perseverança e força de vontade!

Fé – Acredite em você mesmo!
Ousadia – Saia da zona de conforto e tenha foco para realizar cada passo que for necessário!
Perseverança – Mesmo que seja difícil e que você tenha medo, não desista!
Força de vontade – Não ouça os pensamentos negativos, pois eles virão!

Lembre-se do que te direi agora: muitas pessoas irão te dar conselhos, principalmente, as que nunca tiveram sucesso no que você deseja e virão delas os conselhos para você desistir. Então, se elas não tiveram o sucesso que você está buscando, não tenha dúvidas! Escute por um ouvido, agradeça o conselho e mande embora pelo outro ouvido. Busque conselhos de quem chegou aonde você deseja chegar!

Quer saber um pouco mais? Acesse o QR Code abaixo:

Marcelo Kiska

Sou Marcelo Kiska, filho amado de Deus, marido de Luciane e pai orgulhoso de Thiago e Rafaela. Sou *master coach* Integral Sistêmico, formado pela FEBRACIS, a maior empresa de *coaching* do mundo.

Sou bacharel em Contabilidade, formado pela Universidade Estadual do Centro Oeste do Paraná, pós-graduado em Gestão de Negócios pela Universidade Federal do Paraná, MBA em Gestão, Inovação e Liderança pela PUCRS e pós-graduado em Liderança e Gestão Estratégica de Pessoas pela FIA.

Atuo como *coach Business & Life* e como gerente de Planejamento e Controle em empresas com faturamento de R$5 bilhões/ano.

marcelo_kiska

mfksantos

mfksantos

11 99108.1646

Mfksantos

OS DESAFIOS DE UMA TRANSIÇÃO DE CARREIRA

Por Marcelo Kiska

O que você faria se, aos 19 anos, no seu primeiro dia de trabalho, o principal executivo da empresa te falasse que fez todo o possível para que você não trabalhasse lá? Pois é, isso aconteceu comigo. Eu tinha acabado de passar em um concurso público, em uma cidade no interior do Paraná. Não foi uma situação fácil, porém entendi que seria temporário. Isso me deu uma motivação extraordinária, pois tornou-se uma questão de honra provar o valor do meu trabalho.

Cerca de 8 anos depois, veio a minha primeira transição. Surgiu uma oportunidade na iniciativa privada, onde, em um primeiro momento, os rendimentos seriam menores, entretanto, eu teria oportunidades de crescimento. A renúncia à estabilidade que um emprego público proporciona foi uma decisão difícil, no entanto, necessária para iniciar em um segmento novo no país, a concessão de rodovias.

Trabalhei nessa empresa por 6 anos e tive um crescimento muito rápido, porém, com a experiência e com o passar dos anos, as prioridades mudaram e no início de um período com o Horário de Verão, achei estranho estar indo para casa e não ter mais a luz do sol, ou seja, tinha se tornado normal sair do trabalho após às 20 horas. Nesse momento, caiu uma ficha muito importante e comecei a pensar em buscar novamente uma transição, dessa vez, com a ajuda de uma consultoria especializada que me ajudou muito no processo. Acabei continuando a trabalhar no mesmo segmento, mas desta vez, na maior empresa do setor no Brasil.

Em 2019, identifiquei uma lacuna que estava limitando meu crescimento profissional e passei a buscar conhecimentos na área de gestão de pessoas, o que acabou me levando a fazer a formação em *coaching*. A partir desse momento, um mundo novo se abriu, mas isso terá que ficar para outro livro!

Estamos passando por um período sem precedentes na história em quantidade e velocidade de mudanças. Além de todas as inovações tecnológicas, o período de pandemia trouxe alterações profundas e acabou com algumas verdades que julgávamos absolutas: a forma como fazemos negócios, o conceito de carreira e felicidade, a importância do contato olho no olho, o valor de um sorriso, o qual só foi percebido depois de tanto tempo usando máscaras.

Observem abaixo alguns dados extraídos da Pesquisa Re:Trabalho 2020 cujo objeto foi observar as mudanças no mundo corporativo resultantes da transformação digital:

Fluidez nas carreiras

- 63% já mudaram de carreira;
- 48% pretendem mudar de carreira nos próximos meses;
- 70% querem uma carreira mais alinhada aos seus interesses e propósito de vida.

Fluidez nos contratos

- 53% pretendem mudar de empresa nos próximos 12 meses;
- 1 em cada 5 pessoas tem emprego fixo e ao mesmo tempo atua como *freelancer*;
- 61% consideram a combinação de trabalho fixo + *freelancer* o modelo ideal;
- 90% estão dispostas a fazer seus próprios horários.

Quando juntamos tudo isso à transformação contínua e acelerada do mercado de trabalho, não temos outra alternativa, senão repensar e revisar até mesmo trajetórias profissionais decididas há anos e que para muitos eram consideradas como definitivas. Temos visto profissões tradicionais deixarem de existir, novas relações de trabalho surgirem e uma crescente horizontalização nas empresas.

O relatório *Future of Jobs* do *The World Economic Forum* apontou quais são as *soft skills* do futuro do trabalho. Observe a lista abaixo e reflita sobre quais você tem que desenvolver:

1. Pensamento analítico e inovação;
2. Aprendizagem ativa e estratégias de aprendizagem;
3. Resolução de problemas complexos;
4. Pensamento crítico;
5. Criatividade, originalidade e iniciativa;
6. Liderança e influência;
7. Uso, monitoramento e controle de tecnologia;
8. *Design* de tecnologia e programação;

9. Resiliência, tolerância ao estresse e flexibilidade;
10. Raciocínio, resolução de problemas e ideação;
11. Inteligência emocional;
12. Resolução de problemas na experiência do usuário;
13. Mentalidade de *customer service*;
14. Análise e avaliação de sistemas;
15. Persuasão e negociação.

Este capítulo tem a função de ajudar às pessoas que estão insatisfeitas com o rumo de suas carreiras, a fazerem uma escolha e conduzirem sua transição da forma mais segura possível.

Uma transição de carreira não é um processo simples, não é somente sua vida profissional que será impactada, essa decisão atingirá outros aspectos também, como sua família e até mesmo a sua identidade pessoal, pois é muito comum quando nos perguntam quem somos, respondermos com a informação do que fazemos profissionalmente.

É muito importante entender que um processo de mudança não acontece da noite para o dia, uma transição não pode ser uma decisão repentina. Em média, leva de 2 a 3 anos para se concretizar, considerando desde os primeiros sinais de insatisfação com a situação atual até a tomada de decisão.

Vícios e maus hábitos adquiridos na antiga carreira precisam ser abandonados. Deve-se também investir muito em conhecimento, no desenvolvimento de novas habilidades, sair da zona de conforto e voltar a competir com profissionais mais experientes.

Para uma transição de carreira segura, precisamos de:

Autoconhecimento

O primeiro passo é investir em autoconhecimento, é preciso conhecer a causa de sua insatisfação, ou seja, primeiro certificar-se do que você "NÃO QUER". Analise a fundo se o que está te deixando infeliz é a profissão, a carreira, a empresa ou o chefe. Depois de identificar a causa, é preciso pensar se isso se trata de um problema substantivo (central) ou adjetivo (secundário), se é um problema estrutural ou passageiro. É preciso também tomar cuidado para que a mudança não seja, na verdade, uma maneira de fugir dos problemas, os quais encontraremos em qualquer área.

Procure pessoas, escute pessoas! Converse com pessoas da sua área, converse com pessoas que lhe amam, converse com pessoas neutras antes de tomar uma decisão, pois sempre erramos menos quando buscamos outras opiniões e somos honestos com nós mesmos. Busque entender os seus valores, seus medos, seus desejos e conhecer as suas crenças, as suas paixões, o seu propósito! Muitas vezes, buscar a ajuda de um *coach* é de fundamental importância para isso, você precisa descobrir sua real identidade, identificar as motivações que têm mais peso na sua vida.

Planejamento

É preciso elaborar um plano detalhado de transição, principalmente o planejamento financeiro.

Você precisará de uma reserva financeira que servirá tanto para se manter durante o processo, como para a realização, por exemplo, de cursos de especialização ou participação de palestras e *workshops*. Para saber o valor dessa reserva, é importante levantar quais despesas podem ser reduzidas e qual sua necessidade mensal de recursos, depois multiplicar esse valor pelo número de meses projetado para a duração do processo de transição.

Existe também a necessidade de identificar quais as habilidades técnicas (*hard skills*) e habilidades comportamentais (*soft skills*) você terá que desenvolver. As habilidades mais exigidas no futuro incluirão trabalhar com pessoas, habilidades para resolução de problemas e autogestão, tolerância ao estresse e flexibilidade.

Ao começar a execução, é importante ter flexibilidade para a revisão e atualização constante do seu plano, num ciclo PDCA, sempre buscando a adaptação aos imprevistos e mudanças.

É preciso manter uma mentalidade positiva, então, não deixe de comemorar cada etapa concluída do seu planejamento.

Um ponto que pode tornar o processo muito mais fácil, é verificar a possibilidade de se utilizar o método da experimentação para fazer uma transição gradual, conhecer melhor as atividades e o ambiente da nova carreira, participar de pequenos projetos, realizar trabalhos paralelos ao seu emprego atual.

Networking

Recomeçar é uma tarefa menos complicada quando você participa dos ambientes certos e está cercado das pessoas certas. Ao entrar em uma nova carreira, é necessário ter proatividade, ser visto. Participe de treinamentos, eventos, cursos. Os ambientes de aprendizagem proporcionam grandes oportunidades para montar sua nova rede de contatos. É fundamental ter uma posição forte nas plataformas digitais, principalmente nas redes sociais, assim como focar em uma estratégia para sustentar as conexões existentes e também para fazer novos contatos. Bons relacionamentos trazem boas oportunidades.

Diferenciação

Você será apenas mais um na sua nova carreira? É preciso fazer a diferença. É necessário posicionar-se, ter a melhor entrega, demonstrar motivação e coragem, definir sua nova marca pessoal (sim, você é uma marca!). Demonstre suas motivações, o quanto você se preparou para isso. Conte sua história e o que você pode oferecer para o mercado.

Busque ajuda

Como disse Clarice Lispector: *"Quem caminha sozinho pode até chegar mais rápido, mas aquele que vai acompanhado, com certeza vai mais longe"*.

Por experiência própria, posso dizer que contar com a ajuda de um profissional especializado nesse processo não tem preço, principalmente quando estamos falando de uma decisão tão impactante e importante como mudar de carreira.

O quanto você investiu até agora em autoconhecimento? Você sabe qual o seu perfil comportamental? Você sabe o quanto o seu perfil interfere na sua comunicação todos os dias?

Segundo Oward Gardner, temos 9 tipos de inteligência e que, se conhecer quais são mais presentes em você, isso vai te ajudar a definir qual a carreira mais adequada.

A missão do *coaching* de carreira é ajudar o *coachee* a descobrir sua essência, seus dons e talentos, e possibilitar que ele encontre uma profissão na qual possa expressar todo seu potencial e viver o seu propósito.

E, finalmente, entre em ação, pois como o autor e PhD Paulo Vieira diz, "Seja como for, você é o único responsável pela vida que tem levado. Você está onde se colocou", então, se não está satisfeito com os resultados, é hora de reconhecer que está errado, reconhecer que suas escolhas não foram suficientes e redirecioná-las de forma responsável para o caminho correto. Quando dou o primeiro passo já não estou no mesmo lugar.

“O valor das pessoas não está no que elas têm ou no que elas fazem, mas sim no que ELAS SÃO!”

Marcelo Kiska

Antônio Neto

Sou Antônio Neto, fui de pacoteiro de supermercado em Goiás a gestor de uma das maiores instituições financeiras do Brasil.

Deixei o ambiente corporativo e hoje vivo despertando pessoas para viverem um novo ciclo em suas vidas. Casado, cristão e pai de 2 filhas. Mesmo diante de uma deficiência física, consegui me formar em Administração de Empresas, possuo pós-graduação em Gestão Comercial pela FGV, pós-graduação em Gestão de Pessoas e sou *coaching*. Também atuo como terapeuta.

Possuo experiência com treinamentos e busco constantemente novas formas de ajudar pessoas. Sou criador do evento "Conectando Mentes" e criador do movimento "Reinantes", "Método MV6" e "Protocolo Zero".

tonyjesusoficial

11 98303.6357

contato@netojes.com

QUAIS SÃO OS MITOS DA TRANSIÇÃO DE CARREIRA?

Por Antônio Neto

Certo dia fui abastecer meu carro, lembro-me de que era feriado e um frentista de aproximadamente 70 anos veio para me atender com um sorriso lindo estampado no rosto. Pensei comigo: este senhor teria muitos motivos para estar contrariado. Afinal, sabemos que para esta função, a realidade financeira não é tão boa assim, e ele ainda estava trabalhando em um feriado. Então, por qual motivo estaria tão contente?

Me lembro também de outro dia em que fui à Receita Federal, onde fui atendido por uma concursada, tive quase que implorar para ser atendido. Sabemos do *status* de ser um funcionário público, com mais segurança e um salário melhor, mas por qual motivo fui tratado daquela maneira? A segurança no trabalho não seria um motivo para estar mais feliz?

Trabalhei 16 anos no mundo corporativo, cheguei a ser líder e gerenciei mais de 30 cidades no interior de SP em meu segmento. Algo que me intrigava com muita frequência: presenciar nas reuniões mensais pessoas que não estavam muito contentes com o trabalho, até ganhavam bem, mas não estavam realizadas, viviam um dilema entre vida pessoal e a profissional.

Qual o resultado disso? Profissionais frustrados, problemas de saúde, relacionamentos destruídos, pais ausentes, propósitos enterrados, crises de ansiedade, síndrome do pânico e até o " famoso" *burnout*, que é onde seu corpo já está gritando para você parar. Mas afinal, como entender isso? Pessoas que ganham bem e que até mesmo possuíam certa estabilidade, estavam desmotivadas e tristes, já as pessoas com nível inferior financeiro conseguiam trabalhar com felicidade. Será que o segredo então é ganhar menos?

Basta fazer uma simples pesquisa no Google que logo se descobre pesquisas que mostram que grande parte da população está insatisfeita com seu trabalho atual. Mas será que isso é normal? Será que realmente estamos condenados a viver uma vida que sentimos que não é para nós, mas pelo dinheiro, temos que ficar?

Cantores que nunca abriram a boca, escritores que não se deram a oportunidade de escrever ou palestrantes que nunca palestraram. Será que isso realmente é normal?

Um certo dia, escutei uma frase que mudou minha forma de pensar e me encorajou a largar meu emprego atual para arriscar algo novo, esta frase dizia:

> ***"Todo mundo é um gênio. Mas, se você julgar um peixe por sua capacidade de subir em uma árvore, ela vai gastar toda a sua vida acreditando que ele é estúpido."***
>
> Albert Einstein

Passar a vida como um peixe tentando subir em uma árvore ou arriscar algo novo e encontrar a minha paixão? Trabalhar apenas pensando no dinheiro ou arriscar algo que faz meu coração pulsar mais forte?

Cheguei a uma conclusão: prefiro arriscar do que paralisar! Deixei meu emprego de 16 anos, onde ganhava bem e fui arriscar coisas novas. Foi desta aventura que tirei alguns aprendizados que vou relatar neste capítulo. Eu quero lhe contar 3 mitos sobre transição de carreira que descobri em minha jornada.

Mito 1: É melhor ficar com o "garantido" do que arriscar coisas novas

Amigo, a grande verdade é que a vida é uma aventura variável, que por mais que você queira, não é possível ter o controle de toda a situação, logo, acreditar na garantia da estabilidade é algo ilógico. Podemos ter a falsa impressão que estamos "garantidos", mas na realidade, não temos tudo sobre o controle de nossas mãos.

Um lindo pássaro na gaiola pode até ter seu alpiste diário, lá ele tem sua pequena porção diária, está mais seguro dos ataques dos predadores, mas a grande verdade é que se não sair da gaiola, nunca poderá desfrutar de um grande voo ou de uma grande descoberta. Muitas vezes, nosso alpiste de hoje está limitando nossa visão do mundo e de novas possibilidades.

Geralmente, vivemos em bolhas. Quando estamos dentro de uma bolha de uma determinada empresa, de um determinado departamento ou até mesmo de um determinado segmento, tendemos a ter uma visão muito limitada das possibilidades de novos voos, pois, as pessoas que convivem conosco, na maioria das vezes, têm uma forma de pensar muito parecida. Se dar a oportunidade de romper essa bolha pode ser uma excelente maneira de você identificar novas oportunidades, assim, ficará mais encorajado a tomar a sua decisão.

Mito 2: Não tenho dinheiro pra fazer a minha transição de carreira

Você não tem dinheiro ou não tem coragem de arriscar?

Não quero te incentivar a fazer nenhum tipo de loucura financeira, mas quero te alertar que talvez esse "momento perfeito financeiro" que você tanto busca, nunca será alcançado. Já vi histórias de grandes empresários que foram muito ousados no início de suas carreiras, venderam bens, fizeram empréstimos, mas isso os possibilitou avançar.

Entenda, em alguns momentos será necessário um pouco de ousadia para avançar. Você pode se perguntar se realmente não existe outra solução para o momento que está passando. Será que existe algo que você não está usando que você possa vender para te ajudar a levantar recursos? E se você tiver uma conversa franca com o seu empregador, será que não seria possível ele fazer um acordo com você? Quais são as possibilidades que você tem em mãos, hoje, que podem te ajudar nesta transição de carreira?

Clareza é poder! Coloque estas informações em um papel e terá muito mais clareza do seu momento atual. Um dos segredos para descobrir as respostas é o movimento! Muitas pessoas desejam fazer a transição de carreira, desejam trabalhar com o que amam, mas não fazem nada para que isso aconteça, estão esperando o Universo conspirar a seu favor.

A natureza está em constante movimento, os rios, os pássaros, as folhas, o ar e a terra; nosso corpo foi feito para estar em movimento também.

Assim como você foi criado para estar em movimento! O movimento gera vida, a paralisação gera morte! Na transição de carreira não será diferente. Você irá perceber que muitas respostas serão encontradas na jornada assim que você começar a avançar.

Movimente-se!

Mito 3: Vou fazer minha transição de carreira e serei feliz

Quando designamos a nossa felicidade a um item externo, não seremos capaz de encontrá-la!

Deixei meu emprego de 16 anos para trás. Estava muito estressado, com crise de ansiedade, não via mais sentido no que estava fazendo e imaginei que quando fizesse minha transição, tudo iria mudar como num passe de mágica, pensei que os meus conhecidos da empresa iriam me ajudar em meu novo projeto, as coisas dariam certo e eu estaria muito feliz.

Investi 45 mil reais à vista em uma mentoria, pouco antes de sair do meu emprego. Imaginei que isso me levaria a um outro patamar, mas sabe o que aconteceu? Tempos depois de sair do emprego, fui pego por uma onda de tristeza e, mais uma vez, percebi que não estava fazendo algo que fizesse sentido para mim, ouvi mais o bolso e menos o coração.

Organize a sua casa interior para depois conseguir uma mudança externa. A sua mente cria a sua realidade, então trabalhe, intencionalmente, para mudá-la. O objetivo aqui não é fazer você instalar o medo, talvez você, diferente de mim, acerte em sua primeira escolha logo após fazer sua transição. O ponto principal aqui é:

A mudança deverá acontecer dentro de você! Encontre a felicidade dentro de você agora, pois, com sua energia interna revigorada, você fará boas escolhas em sua jornada.

Talvez você possa estar se perguntando: "Ok, entendi! Mas como faço isso?"

Vou deixar três estratégias eficientes para você:

1. Comece a praticar um hobby nesta semana. Não permita que a rotina te condene a viver uma vida robótica. Muitos vivem alienados à tecnologia e esquecem de cuidar de si mesmos, isso só agrava a situação.

2. Cuide do seu corpo, parte física e nutricional. Isso irá contribuir não só para o seu corpo, mas também para sua mente. Em alguns casos, não é falta de motivação, é falta de vitamina e descanso. Estar bem fisicamente e mentalmente fará muita diferença neste processo.

3. Grave um áudio com palavras de afirmação para você mesmo ouvir todos os dias pela manhã e antes de dormir, aproveite este momento para se conectar com seu Criador. Uma mente forte torna o processo muito mais simples. Um áudio com uma boa música de fundo pode potencializar o processo, mas você pode começar com um simples áudio, gravado em seu próprio Whatsapp.

Eu não sei qual é o momento que você está vivendo hoje em sua vida, talvez você acredite que está velho demais, ou talvez você esteja com medo, pois tem receio de que seus filhos passem necessidade; talvez você não acredite que é capaz de conseguir algo melhor, pois eu quero te dizer algo: Acredite que é possível!

Você deseja ser um peixe que passa a vida inteira tentando subir em uma árvore ou você deseja nadar de verdade? Qual história você quer contar para os seus filhos e netos? Quando você tomar esta decisão e conseguir o sucesso, quais pessoas você irá inspirar?

O melhor momento para você começar é ontem, mas o segundo melhor momento é agora! Desejo que você curta cada segundo de sua jornada, pois nela está inserido o processo que é algo que te faz crescer!

“O pouco que você tem em mãos já é mais que suficiente para começar!”

Antônio Neto

Vanessa Palutine

Sou Vanessa Palutine, tenho 38 anos, mãe de Vitória, esposa de Adriano, filha de dona Vanda e seu Hélio, irmã de Ricardo e Priscila e tia de Elza.

Coordenadora de Recursos Humanos, *coach* de carreira e umas das idealizadoras do *workshop* "Mulheres no espelho". Sou evangélica e super comunicadora.

Amo trabalhar com pessoas e o meu maior propósito é fazer a diferença na vida delas. Para que eu veja as pessoas encontrando seu propósito de vida, fazendo disso sua profissão, esse é um dos meus maiores legados!

Acredito que não estamos nesse mundo de passagem, temos uma missão, e às vezes, só precisamos saber qual é, você já descobriu a sua? Estarei aqui sempre para te ajudar!

Vanessa Palutine

Vanessa Palutine

24 99218.3546

vpalutine@hotmail.com

Instagram

QUANDO NÃO FAZER
UMA TRANSIÇÃO DE CARREIRA

Por Vanessa Palutine

Ao longo da minha carreira no setor de recursos humanos e como *coach*, percebo uma insatisfação constante das pessoas que buscam realização profissional e reconhecimento. Esse mundo volátil e complexo que apresenta inúmeras inovações, faz com que as pessoas se sintam cada vez mais perdidas e confusas diante de qual caminho seguir profissionalmente e como se encontrarem em suas carreiras.

Algumas, porque desejam seguir as tendências e outras, porque descobrem que podem não ser mais CLT e pensam em investir em seu próprio negócio; em curto prazo, o resultado disso pode ser muito positivo como também muito negativo. Isso porque a carreira tem muito mais a ver com propósito do que se imagina.

A primeira pergunta que faço na minha sessão sempre é a seguinte:

"O que você faria sem ter que ganhar um centavo por isso?"

Carreira é algo que você se doa por inteiro, pois o dinheiro é só uma consequência. A frase *"faça o que você gosta e não terá que trabalhar mais nenhum dia de sua vida"* faz todo o sentido, desde que você tenha consciência que o caminho não é tão simples e que é necessário muita disciplina. Muitas das vezes, as pessoas também se encontram em fases da vida que não estão no seu melhor momento, ou a empresa em que estão atuando passa por alguma mudança e isso impacta fortemente na maneira delas enxergarem suas expectativas.

Por esse motivo, trago aqui dois exemplos que ocorreram nas minhas sessões, para que você entenda como funcionou a experiência para duas das minhas *coachees* nessa busca pela transição de carreira.

A primeira, muito interessada em realizar a sessão para a mudança de carreira, já atuava há mais de dez anos na área de Recursos Humanos e possuía todas as características necessárias para a função. Sempre bem vista pela empresa e colaboradores, ela é aquela que resolve tudo para todo mundo. Porém, a empresa em que ela estava passou por uma mudança radical de gestão, o que influenciou bastante a sua performance no trabalho e que fez com que perdesse a energia e a garra que tinha antes.

A sua estratégia de nova carreira estava em atuar com venda de ornamentação para festas, onde ela mesmo iria produzir os enfeites. Realizamos o teste do perfil comportamental e descobrimos que o perfil comunicador e executor dela estava muito mais ligado à área que já atuava do que para a que ela queria transacionar, ela deveria ser mais analítica.

O resultado foi um sorriso no rosto e uma enorme motivação para investir ainda mais na área em que ela já atua. Conseguiu entender que na verdade o problema não era a área que ela atuava, mas o clima da empresa que ela se encontrava. Para ela, o maior propósito era poder conversar com as pessoas, ajudar a resolver problemas e encarar os desafios do dia a dia que o trabalho com as pessoas a fazia ter.

Um outro exemplo é de uma menina que tinha ótimo desempenho com brigadeiros, ela fazia um dos melhores da cidade, porém, trabalhava como secretária de uma instituição e me procurou no intuito de viver apenas dos seus brigadeiros, o que era totalmente possível com muita dedicação.

Percebemos que uma das suas maiores dificuldades no processo era realizar as tarefas relacionadas ao aumento de produção; ela mesmo admitiu que se sabotava, pois tinha certeza que se fizesse a quantidade necessária para atingir seu ganho, ela conseguiria alcançar sua meta.

Ela identificou durante as sessões que diante da situação que estava passando, com a mudança dos pais, a obra na sua casa, não era o momento dela iniciar o processo de transição, porque não imaginava o quanto de energia e dedicação ela iria dispor para o seu objetivo.

Entenda, não há nada de errado nisso!

Não se cobrar e entender que o seu momento será o momento propício para a transição, é fundamental para alcançar o sucesso na sua carreira!

Seguem agora três dicas que utilizo com meus *coachees* para que eles tenham certeza de que realmente é o momento certo para realizarem a transição de carreira.

Minha primeira dica é a seguinte: se você não sabe para onde você quer ir, qualquer caminho serve, então, para você escolher a carreira certa, é necessário se conhecer em primeiro lugar. Nesse caso, a busca pela ajuda de um profissional é valiosa para que ele consiga, através de suas ferramentas e conhecimento, te orientar a qual caminho seguir. Pois, pode acontecer de você gastar tempo e energia descobrindo no futuro que estava em um caminho errado.

A segunda dica é se perguntar: "Quanto estou disposto a assumir a responsabilidade que essa mudança vai exigir de mim?" Você já se deu conta que vai necessitar aprimorar seus conhecimentos e pode ser que, para isso, você passe o seu final de semana focado em estudos ou em cursos ?

A terceira dica é se questionar se está pronto para as dificuldades e caminhos que você irá encontrar. Sucesso não vem de uma hora para outra e isso causa muita frustração, pois conseguir aquela vaga na área desejada, ter o número de clientes satisfatório pode levar dias, meses e até anos. Mas se você perseverar irá conseguir com certeza. Você está pronto para isso?

"O único lugar que sucesso vem antes do trabalho é no dicionário"

- Albert Einstein

Acredito que se você seguir essas três dicas antes de iniciar todo o processo de mudança de carreira, elas vão te ajudar a dar os primeiros passos de forma muito mais precisa do que você imagina.

Falo isso com muita convicção, pois tem pouco tempo que estou na minha mudança de carreira e posso garantir para vocês que o processo não é nada fácil e demorou muito para eu tomar a minha decisão. Me formei em 2009 como *coach* pelo Instituto Brasileiro de *Coaching* e só agora, depois de 13 anos, é que eu realmente vivo do meu propósito.

Primeiro, porque sempre vivi algo que gostava, que era lidar com as pessoas; segundo, porque era o meu lugar seguro e como estava acostumada com todo o ritmo da empresa e tinha reconhecimento, para mim estava cômodo ficar por ali. Porém, tudo mudou com o nascimento da minha filha Vitória, que me fez repensar todas as minhas necessidades e valores, o tempo que queria disponível para estar com ela e o quanto eu poderia contribuir com o meu dom na vida de outras pessoas.

Acredito que não estamos aqui de passagem e podemos fazer a diferença independente da posição que estamos. Todas as profissões impactam na vida do outro, seja na importância do jardineiro que precisa ter amor e carinho para cuidar das suas plantas, como também um profissional da beleza que trabalha para ajudar pessoas em sua autoestima.

Por esse motivo, volto a falar da responsabilidade da sua carreira e de olhar para ela com todo carinho e atenção que ela merece, afinal, será uma escolha que irá impactar diretamente na sua vida, de sua família e de várias outras pessoas. Viu como consegui alcançar a sua?

Repito que você não tenha pressa, acho que por mais que tenha levado esse tempo todo para eu fazer a transição, foi no meu tempo certo e sou muito grata por isso. O momento de eu estar aqui é agora, contando para você um pouco da minha história e, com certeza, sendo um pouco de inspiração para você tomar coragem e retomar as rédeas de sua vida.

Vale ressaltar que nessa caminhada você pode ter que refazer a rota e descobrir que o caminho não era aquele que você achava. Se permita! Entenda que toda descoberta é válida e que tudo que passamos faz sentido para a conclusão da nossa história de vida.

Agora que você já me conhece um pouco mais, vamos fazer com que essa leitura faça a diferença na sua vida, afinal, o meu propósito não me permite passar por você sem fazer ao menos um pouquinho de diferença.

Lembra daquela pergunta: "O que você quer ser quando crescer?" A sua resposta era baseada em alguém que você se orgulhava, como o policial que tinha poderes, o bombeiro que apagava os incêndios ou o veterinário que salvava os animais!

Você foi crescendo e se distanciando cada vez mais desses valores e agora tudo que você pensa é: "Quanto vou ganhar no fim do mês?" Vamos voltar e resgatar esse seu desejo de infância?

Me responda as seguintes perguntas:

- O que você faz até sem receber nada por isso?
- Como isso impacta na vida das outras pessoas?
- Para quem vai ser a motivação para eu ser melhor no que faço?
- Quem vai ser o motivador da minha disciplina para eu alcançar o lugar que desejo?

Agora que você já respondeu a essas perguntas acima, vamos colocar um prazo para definir as estratégias:

- Quando eu vou procurar um profissional para me ajudar a entender se estou fazendo a escolha certa?
- Qual o prazo que me dou para realizar isso?

Tenho certeza que em um momento de reflexão, com calma e cautela, você responderá a todas essas perguntas e irá encontrar o caminho necessário para se certificar se está no momento oportuno para a transição de carreira.

No mercado existem vários profissionais que, cada vez mais, se especializam para conseguir ajudar pessoas a encontrarem seus caminhos, por esse motivo utilize as ferramentas desses profissionais, pois através delas você conseguirá alcançar o resultado necessário.

Também me coloco aqui à disposição para te ajudar a encontrar seu propósito, fazer com que essa trajetória seja muito mais gostosa e prazerosa; fazer você conseguir entender: ou que ainda não é o seu momento ou que até mesmo já está no caminho certo, mas que não seja, necessariamente, a transição de carreira a sua atual necessidade. Assim, podemos criar estratégias para você desempenhar ainda melhor o seu papel no lugar onde você está e descobrir que pode estar em seu lugar ideal.

O QR Code que está na minha apresentação levará você diretamente para o meu Instagram, lá você vai encontrar dicas e se me chamar no *direct*, prometo te dar toda assistência necessária.

Como digo o tempo todo: eu vivo para esse propósito, que é ajudar pessoas. Vai ser uma grande satisfação poder ajudar você!

Gratidão sempre a Drogaria Galanti e Franco Galanti que são parte da profissional que sou hoje! Gratidão e obrigada por me deixar dividir com você um pouquinho da minha vida!

“Não estamos aqui de passagem e podemos fazer a diferença independente da posição que ocupamos!”

Vanessa Palutine

Cláudia Ferreira

Sou Cláudia Gil Pires Monteiro Ferreira, licenciada em Gestão Comercial e *Marketing*, pós-graduada em Gestão de Empresas, com mais de 20 anos de experiência em gestão e liderança de equipes.

Master coach, analista de perfil comportamental, mentora de líderes, formadora, palestrante e empreendedora.

Apaixonada por ajudar pessoas a atingirem altos níveis de performance em nível de gestão e liderança.

mentoraclaudiagil

Claudia Gil Pires M. Ferreira

0044774600.9139

mentoraclaudiagilpf@gmail.com

FOCO E VISÃO CLARA DE FUTURO

Por Cláudia Ferreira

As ideias contidas neste capítulo são baseadas em pesquisas feitas por estudiosos, trazendo objetividade ao conteúdo, e em experiências pessoais, trazendo ideias subjetivas que podem e devem ser questionadas de acordo com a experiência de cada um dos leitores. Elas refletem os resultados obtidos e os que deveriam ter sido obtidos ao longo da minha transição de carreira.

Na certeza de que o meio envolvente em que eu estava inserida tiveram uma grande influência nas decisões tomadas por mim e na reflexão que trago, para que o estimado leitor possa trazer à luz do seu entendimento uma nova ou melhor perspectiva daquilo que será um fator decisivo para o futuro da sua transição de carreira.

Baseado na minha experiência como estudante, líder de equipe com mais de 16 anos de liderança e gestão de equipes, na minha transição de carreira, dentro da mesma instituição, direção, departamento, mudança de instituição, mudança do setor privado para o setor público e mudança para o setor empresarial.

Alguns dos maiores problemas que as pessoas enfrentam na transição de carreira tem a ver com a tomada de decisão com base no estado emocional, na opinião de terceiros e também com base no mau ambiente de trabalho do setor/departamento ou de uma má liderança. Como consequência, esses fatores geram frustração e desânimo.

Elas tomam decisões precipitadas, ou seja, são capazes de mudar de instituição quando o problema pode estar apenas na chefia direta; são capazes de mudar o setor da atividade, quando este é o que vai de acordo com aquilo que tem paixão em fazer e podem encontrar as mesmas oportunidades em outras instituições; ficam frustradas e podem fechar janelas ou portas de oportunidades que estão abertas, mas pelo fato de não ter foco e uma visão clara do futuro, não as enxergam; são capazes de se subvalorizarem psicológica, intelectual e financeiramente.

Ao longo da minha experiência profissional, pude ver pessoas físicas e jurídicas que não tinham visão clara de futuro e que agiam de forma inconsciente, ficando desta forma à mercê do meio envolvente e objetivos de outrem, obviamente que o resultado todos nós já conhecemos, que é o fracasso. Também pude verificar empresas com uma visão de futuro incerto e faziam-no de forma consciente e, obviamente, que o resultado não foi diferente do primeiro exemplo.

Acredito que existam leitores que ainda não começaram a sua carreira profissional, mas com certeza têm experiência de vida e existem outros que já começaram. Também acredito, e com muita pena, que muitos de vocês estão em empresas onde não têm uma visão clara e positiva do futuro, onde vocês têm metas a serem alcançadas por departamento, setor e ou individuais.

O bom é que existem empresas, principalmente as que crescem de maneira sustentável, que têm essa visão e por este fato, traçam metas e as suas equipes sabem onde estão e para onde vão. O pior é que muitos, mesmo estando nessas empresas, ainda não despertaram para que o mesmo deve acontecer em sua vida individual, familiar e profissional. Eu também fiz parte deste grupo, mas estamos aqui para juntos começarmos uma nova jornada.

Não ter foco e visão clara de futuro é como andar de olhos vendados para um destino desconhecido, por isso tenha foco, criando hábitos que te levarão ao alcance da sua visão. Quando estamos focados no objetivo desejado, qualquer transição de carreira contribui para o sucesso, ao passo que se focarmos consciente ou inconscientemente em qualquer coisa, ou seja, no objetivo errado que não vai de acordo ao que de fato desejamos, contribuiremos para o fracasso. Aprendemos com o fracasso, o segredo está em não desistir.

Provavelmente, você já deve ter dito que alguém tem sorte, mas os segredos não tem a ver com a sorte, mas que consciente ou inconscientemente focam no alvo. Ao passo que os "azarados", ou não pensam em nada ou focam em várias atividades, sem consistência. Ter foco e visão na transição de carreira ajuda-nos a compreender o que realmente queremos trocar (formação acadêmica, empresa, departamento, liderança ou sair de empregado para empregador). Antes de fazer a tão sonhada ou forçada transição de carreira, sugiro que defina um propósito muito forte para que sempre que pensar em desistir tu te lembres porque razão pretendes alcançar o objetivo.

Num contexto global tecnológico, onde temos um nível elevado de informação através das redes sociais, televisão e outros meios de comunicação, ter foco nas atividades que nos levam a alcançar os nossos objetivos tem sido um grande desafio, por isso é importante aprender a identificar onde temos focado, ou seja, se os hábitos que desenvolvemos, consciente ou inconscientemente estão de acordo com os objetivos que pretendemos alcançar.

Por outro lado, a visão clara do futuro (positiva) faz com que, independente das circunstâncias, nós não tiremos o foco do alvo.

"Algumas pessoas acham que foco significa dizer "sim" para a coisa que você vai focar. Mas não é nada disso. Significa dizer "não" às centenas de outras boas ideias que existem. Você precisa selecionar cuidadosamente".

Steve Jobs

Para ter foco, é preciso eliminar as distrações internas e externas, criando novos hábitos. Independentemente do grau de escolaridade, nível de vida ou faixa etária, o ser humano tem a capacidade de ter foco ao concentrar atenção, pensamentos, comportamentos e ações em um único ponto com objetivos claros, e a maior parte das pessoas não se sente realizada por não saber usar o poder do foco, estão distraídas com as redes sociais, televisão, conversas, notícias que nada tem a ver com o objetivo desejado. Apesar da maioria achar que existam pessoas que não têm objetivos, eu sou da opinião que têm sim, como por exemplo, dar ou ter melhores condições de vida; acontece, porém, que pelo fato de não terem consciência do seu estado atual perdem-se nas inúmeras distrações que o mundo apresenta. É preciso ter consciência do seu estado atual, ou seja, saber onde é que realmente está, traçar o seu estado desejado (onde quer chegar) tendo clareza onde quer estar daqui a 5, 10 anos e posteriormente eliminar as distrações atuais para focar em ideias, coisas, ambientes que lhe farão chegar ao estado desejado.

Por outro lado, é preciso trabalhar na dignidade, é preciso trabalhar no seu interior, naquilo que de fato acredita. É preciso crer que, de fato, somos dignos para conseguirmos alcançar o objetivo desejado; é preciso mudar e deixar de fazer inúmeras coisas que não te ajudarão no alcance do teu objetivo; é preciso deixar de buscar por referências erradas; encontre referências em pessoas que realmente atingiram o objectivo que voce deseja. No livro *A Única Coisa*, Gary W. Keller afirma: ***"Não basta ocupar-se, a questão é como é que nos ocupamos"***. Muitas pessoas não traçam metas e não alcançam os objetivos porque não acreditam que de fato são dignas dos mesmos.

Certa vez, o meu filho colocou-me algumas questões sobre um tio que acredito eu que ele tem como referência de uma pessoa bem sucedida financeiramente... Percebi na sua abordagem que era uma das pessoas, das poucas com as quais convivia, que ele tinha como referência a modelar. Conclui que nós estamos constantemente a modelar pessoas e somos influenciados pelos meios aos quais somos expostos. Por isso, é de tal forma importante que no processo de transição de carreira nós busquemos referências de pessoas e ambientes que, de fato, vão fazer com que alcancemos os objetivos preconizados.

9 Passos para ter foco e criar uma visão clara e positiva de futuro:

Nossa visão de futuro é o que nos motiva, são sonhos transformados em metas, parte de um plano de modelo de negócio pessoal. Assim sendo, para tornar mais claro possível o objetivo, sugiro que faça o seguinte:

1. Defina o que realmente você quer trocar (Carreira, Liderança, Empresa ou Profissão);

2. Faça uma lista de coisas que você tem feito hoje e que te impedem de alcançar a tão desejada transição de carreira (Exclua tudo o que não faz você atingir a sua meta);

3. Elenque as suas habilidades actuais e destaque as que vão ajudar no alcance do seu objectivo;

4. Elenque quais habilidades você precisa desenvolver;

5. Faça uma lista de pessoas que alcançaram objetivos semelhantes, caso não tenha referências próximas, pesquise num *site* de busca e depois veja vídeos, biografia, livros e ponha em prática os bons princípios, valores e hábitos por eles praticados;

6. Faça uma lista de novos hábitos que você deve criar a partir de hoje;

7. Crie uma *Vision Board* (Quadro de Visão). Ela ajuda a manter o foco e ter clareza relativamente ao objectivo específico que queremos alcançar. Nesse quadro, colocamos imagens e textos sobre o que de facto pretendemos, neste caso específico, a carreira desejada com o máximo de detalhes;

8. Visualize o seu objetivo com clareza. Feche os olhos e procure imaginar a sua meta em todos os seus detalhes. Qual a sua aparência? Sensação? Como se sentirá quando atingí-lo? (Usar todos os 5 sentidos no momento de traçar os seus objetivos é muito importante, saber quão bem você se sentirá quando o atingir servirá de estímulo para manter o foco);

9. Trace um plano de ação. Não te esqueças de incluir questões financeiras, seja consciente, aproveite a jornada e não desista, não espere chegar a tão sonhada transição de carreira para sentir-se feliz; festeja as pequenas conquistas e sempre que tiver dúvida acredite que você consegue, acredite de facto na conclusão do seu objectivo

Para superar as frustrações e tomar as decisões mais acertadas no processo de transição de carreira, é preciso ter clareza sobre o que de fato você quer fazer, como fazer e quando fazer, conhecer as habilidades que você tem e quais as habilidades precisa desenvolver para alcançar o seu objetivo.

Com foco e visão clara do futuro, temos coragem para nos tornarmos protagonistas da nossa própria vida e assumirmos a responsabilidade por nossas decisões e resultados. "Não ignore os sinais e talentos que a vida te dá desde muito cedo e abrace os sonhos de quem está perto de si, especialmente as crianças".

“Não ter foco e visão clara de futuro é como andar de olhos vendados para um destino desconhecido.”

Cláudia Ferreira

Paloma Lessi

Sou Paloma Lessi, *master coach* formada pela FEBRACIS com certificação internacional pela Florida Christian University (EUA), analista de perfil comportamental e *coach* de carreira. Sou de Atibaia, São Paulo.

Perita em Contabilidade, MBA em Gestão Financeira Auditoria e Controladoria pela FGV, hoje CEO do Grupo Lessi Company. Empresária, palestrante, treinadora e franqueada Febracis Select, levo meus clientes a maximização da realização de metas e objetivos.

Com mais de 24 anos atuando em consultoria, auditoria e *Business* & Executive *Coaching* com vasta experiência em escalada profissional, planos e expansão de negócios e transições de carreira. Expert na área pessoal, de reprogramação profunda de crenças e mudanças de hábito, possibilitando um estilo de vida pleno e abundante.

palomalessi

Paloma Lessi

11 97397.7903

palomaflessi@gmail.com

PERFIL COMPORTAMENTAL, VOCÊ SABE O SEU?

Por Paloma Lessi

Hoje muito se fala em tratar as pessoas como nós desejamos ser tratados, o que é uma grande mentira contada para cada um de nós, na verdade, o mais importante é tratar o outro da forma que ele deseja ser tratado. Mas por que começo o texto trazendo ênfase a esse assunto? Porque tudo se resume a pessoas, comportamentos e crenças instaladas através de pensamentos que viraram sentimentos e, automaticamente, se transformaram em realidade através da nossa sinestesia visual, auditiva ou sensitiva.

Nossos pais, ou aqueles que nos influenciaram na infância, trazem boa parte dessa verdade para nossas vidas e quando escolhemos a profissão e, por consequência, a carreira para seguirmos, elas já estão carregadas por essa força superior de influência externa, que chamamos de "crença" e, na maioria das vezes, optamos por repetir o padrão ou repelir em algo totalmente inverso, mesmo que de forma inconsciente. Quando isso ocorre, estamos respondendo à primeira frase, da mesma forma que fomos tratados durante nossa primeira infância, são os impactos adaptados da profissão que escolhemos.

O que eu quero dizer é que, muitas vezes, entramos em um mecanismo automático cobrado pela sociedade, pela exigência de termos uma profissão seguindo esses padrões e com isso, escolhemos o que iremos fazer boa parte de nossas vidas; não por aptidão, amor, ou por áreas de destaques, mas para atender a uma demanda inserida, inconscientemente, em nossas mentes. Fazendo com que vire um ciclo vicioso de trabalho, na espera de uma sexta-feira, um final de semana ou férias e não uma profissão que supra todas essas "alegrias" momentâneas transformando-as em felicidade continua em seu trabalho.

A solução para essa dor latente dentro de cada um de nós e que nos faz transacionar de carreira ou continuar fazendo o que fazemos, está em saber quem realmente somos, na essência, quais dons, aptidões, no que realmente eu fazemos que nos dá prazer, e ainda sermos a solução de alguma dor da sociedade ou do ambiente onde estamos inserido. Quando falo nesse nível profundo de autoconhecimento somente é possível alcançá-lo através de uma análise profunda do Perfil Comportamental.

O fato é que todos nós, em algum momento ou por algum motivo, sentimos a necessidade de sabermos o que nos move, o porquê nos move e quais mecanismos motivam os indivíduos a agirem e tomarem decisões. Mas a verdade é que hoje a maior parte das pessoas estão totalmente perdidas sem se conhecer de fato e sem saber o "*Quem eu sou*" e jamais consegue se relacionar com outro ser humano, seja pessoal ou profissionalmente de forma saudável e duradoura, impactando diretamente no ecossistema profissional.

A partir da identificação do seu Perfil Comportamental e cruzando com outra metodologia de Inteligências Múltiplas, é possível identificar quais os pontos fortes e fracos, as características, os motivadores e as aptidões de qualquer indivíduo trazendo maior assertividade na escolha de uma nova profissão, e qual a melhor forma de transacionar uma carreira sem grandes impactos internos e externos, ou até mesmo dentro de uma instituição uma recolocação de um colaborador para uma melhor área de desenvolvimento.

Com essa consciência você sabe qual é o seu perfil comportamental?

Hoje, a Teoria do DISC criada por William Moulton Marston é a metodologia mais usada no mundo para compreender o comportamento das pessoas e através dela é possível identificar qual o modo natural do indiví duo (sua essência, como ele já nasceu) e mais, o quanto ele tem adaptado (oriundas das crenças, experiências e emoções) ao ambiente que está inserido por influência de outros indivíduos, fazendo com que até a escolha de uma profissão sofra impacto por essa influência.

Depois de analisar os padrões e suas reações, Marston classificou em um quadrante os fatores comuns nesses indivíduos formando o famoso DISC.

D - Dominância - Está ligado à necessidade do indivíduo de estar no comando, na tomada de decisão direta, focado em resultados. É o fator da assertividade e gosta de lidar com desafios, são pessoas ousadas e competitivas.

Para um Dominante, o desejo de ganhar é maior do que o medo de perder, eles agem de maneira intensa, decidem rápido e são capazes de usar todas as suas habilidades para conseguir alcançar um objetivo. Seu maior medo é falhar, perder o controle ou ter que se submeter a algo.

Nas organizações como profissões e carreiras, grandes líderes têm esse perfil como ponto forte, como: Steve Jobs, Roberto Justus, Donald Trump, entre outros.

O Perfil Dominante tem uma liderança mais voltada para o executor, tendem a serem como fogo, se controlado, ele aquece toda a organização, porém sem inteligência emocional ele incendeia tudo à sua volta.

I - Influente - É o fator da comunicação e sociabilidade, são aquelas pessoas que são divertidas, otimista, gostam de reconhecimento pessoal e tendem a focar em pessoas.

Gostam de fazer parte de grupos, relacionamentos, valorizam o *status* e gostam de serem reconhecidos e prestigiados, possuem grande habilidade de comunicação e tem o dom da persuasão, as pessoas tendem a segui-los como um líder, devido a sua influência. O maior medo do Influente é ficar sozinho, ser rejeitado e não ser reconhecido.

Grandes nomes como Silvio Santos, Barack Obama, Neymar Junior, Jim Carrey e Paulo Vieira tem traços fortes desse perfil.

S - Estabilidade – Este comportamento está ligado a pessoas mais equilibradas, são pessoas leais, empáticas, tendem a serem mais calmas e possuem um ritmo próprio, ou seja, não adianta apressá-los, eles sempre fazem em seu tempo.

Quem tem esse Perfil como chave, gosta de estabilidade em sua carreira, busca um emprego para projetar para vários anos, são ótimos planejadores, lidam bem com processos, valorizam a rotina e não espere velocidade de uma tomada de decisão de um indivíduo desse perfil, ele irá analisar tudo antes de tomar uma decisão final.

Seu maior medo é ter um cenário imprevisível, eles têm medo de ousar e arriscar e fogem de um conflito como ninguém. Temos uma personalidade famosa com traços desse perfil, o ex-presidente, ativista e conciliador Nelson Mandela.

C - Conforme – Pessoas com Conformidade tendem a serem metódicas, tem a necessidade de ter ou criar um método, seu foco também é o resultado e sempre provam através de sua análise profunda que estão certos, ou seja, tendem a ser teimosos e tem grande capacidade para trabalhos mais minuciosos, detestam improviso.

Pessoas com alta intensidade nesse perfil buscam sempre a organização dos detalhes, são racionais, focam na tarefa e tem medo de cometer falhas por não terem as informações o suficiente. Joaquim Barbosa e Bill Gates são alguns nomes que possuem este perfil como traço de sua personalidade.

Claro que este é um pequeno resumo dessa teoria, porém, através dessa metodologia é possível saber muito de si mesmo e do outro, fica muito mais fácil identificar suas áreas de destaque, como por exemplo, quando uma pessoa que é Influente Alto, ou seja, pessoas que gostam de estar com mais pessoas e este indivíduo trabalha em um ambiente fechado sozinho, isso vai minar todas as suas forças e quando o inverso acontece, o mesmo indivíduo que está na companhia de outras pessoas tende a se destacar e potencializar seus pontos mais fortes.

Quando você entende qual o é seu Perfil Comportamental, se torna muito mais fácil saber quais áreas que melhor se adequam às suas motivações, e para isso entramos mais profundo em outras metodologias, como os Tipos Psicológicos de Jung, que trabalha como o indivíduo recarrega suas energias no ambiente interno ou externo em que está inserido.

Algumas pessoas preferem estar,na maioria das vezes, com outras pessoas, essas são chamadas de extrovertidas, ou seja, essa pessoa não gosta de ficar sozinha. Assim como têm pessoas que preferem estar a maior parte do tempo sozinhas e assim recarregam as energias, essas são chamadas de introvertidas.

Quando analisamos mais profundo esse *iceberg*, vem a parte que não vemos, mas que nos move a fazer o que fazemos, estes nós chamamos de valores, são aquilo que impulsiona o indivíduo a fazer o que faz e que estão impregnados dentro de cada ser humano; são a força motriz que te move a cada manhã e são eles um dos principais responsáveis pela transição de carreira.

Quando o indivíduo se sente ferido ou não está sendo alimentado no ambiente que corresponda aos seus valores intrapessoais, ou seja, no que para ele é importante, perde o sentido ele fazer o que está fazendo e pelo motivo que ele faz; isso muitas vezes o paralisa, gera a estagnação, podendo em forte impacto ocasionar doenças emocionais, como a famosa Sindrome de *Burnout*, a ansiedade e a depressão, em casos extremos.

O grande ato da história da vida de um indivíduo acontece quando este assume o protagonismo dessa narrativa e descobre quem ele realmente é na essência e assim tomar a decisão de qual melhor caminho a seguir. Tudo isso baseado nos dons e aptidões únicas, fundamentadas no Perfil Comportamental, em seus valores e cruzado com as aptidões, acontece a alta performance trazendo para a realidade a maior e melhor versão de si. Somente assim os resultados são potencializados e ainda garantem a vida sistêmica do indivíduo em todos pilares e não apenas sobrevivendo um dia após o outro, na espera de algo novo.

Se isso que relatei até aqui fez sentido, responda aqui o quanto você está disposto a viver, de fato, como protagonista de sua história, se autoconhecendo e potencializando em Alta Performance seus pontos fortes?

Se você tomou a decisão de viver em Alta performance, tenho um presente para você, que não é para todos, apenas para aqueles que de fato estão dispostos a se autodesenvolverem, e identificarem se estão no caminho certo ou se precisam de uma mudança em sua vida.

Nesse QR Code abaixo tenho um presente, onde você irá conhecer um pouco mais sobre o seu Perfil Comportamental totalmente grátis, essa é minha contribuição e gratidão por você ter escolhido ser o seu Protagonista.

“Quando você entende qual é o seu perfil comportamental, se torna muito mais fácil saber quais são as áreas que melhor se adequam às suas motivações. “

Paloma Lessi

TEM PODER

Débora Catarina

Sou Débora Catarina, uma apaixonada por pessoas e que realmente acredita que não estamos aqui nesse planeta a passeio, porém a relação com o trabalho pode ser mais leve.

Como *master coach* especializada em Carreira, Golden Belt formada pela maior instituição de *coaching* do Mundo, a FEBRACIS, minha missão é ser facilitadora na vida de profissionais que desejam dar um rumo à sua carreira, principalmente nos processos de orientação profissional de transição de carreira, seja para uma nova escolha de profissão/ocupação que esteja mais alinhada com os seus talentos ou ajustando a atual para o estilo de vida que desejam viver.

deboracatarinass

deboracatarina

contato@deboracatarina.com.br

deboracatarina.com.br

FAZENDO AS PAZES
COM A SUA CARREIRA

Por Débora Catarina

Contrariando a ideia de que se você escolhesse o curso certo, mesmo bem jovem, estudasse muito e se dedicasse com afinco para conseguir um bom emprego você seria muito feliz e teria sucesso profissional para o resto da vida, como se fosse algo tão lógico, quase que uma reta sem percalços, aqui estamos nós falando da sua transição de carreira.

Se você, assim como eu, já passou dos 30 anos em 2022, muitas de suas decisões foram influenciadas pelos hábitos, costumes, motivações e pessoas de gerações passadas e possivelmente você não teve a oportunidade de refletir sobre os impactos dessas na sua trajetória profissional.

Aconteceu comigo, minha transição de carreira veio após 12 anos como profissional CLT no mundo corporativo industrial, atuando em grandes empresas e multinacionais, depois de muito investimento de tempo e dinheiro em formações, cursos técnicos, faculdade e finalizando uma pós-graduação na área de Engenharia. Esse movimento começou em 2019, quando comecei a investir no meu autoconhecimento, acessei muitas informações sobre mim, pude olhar para o modo como fiz e faço minhas escolhas até então e com isso consegui compreender como fui influenciada no meu processo de escolha profissional, de forma consciente e inconsciente.

Imagine só, uma garota de 17 para os 18 anos, filha do meio, calada, muito obediente, com os pais concursados, em que um me mandava estudar, o outro trabalhar e sempre ouvindo que esses esforços seriam para o meu bem, "para eu ser alguém na vida". Entre o trabalho no comércio da família e os estudos, sem diálogos profundos sobre o futuro da minha carreira, me lembro de ter conversado com alguns colegas da escola sobre que cursos eles fariam e, como eu gostava muito de assuntos lógicos, sem um processo mais profundo de orientação profissional, optei pela engenharia.

Porém, como na época meus pais não tinham condições financeiras para o meu curso universitário, acabei fazendo um curso técnico para começar a trabalhar na área e posteriormente, com um salário, eu mesma pagar o investimento da faculdade.

Essa direção funcionou por um tempo, já que foi a partir desse primeiro curso técnico que eu consegui me colocar no mercado de trabalho, comecei a atuar em grandes empresas e indústrias, conhecer pessoas, pagar minhas outras formações e forjar minha identidade profissional, porém, assim como o mercado de trabalho vem evoluindo, eu e você também, e foi quando eu me permiti olhar para o que mais eu desejava para a minha vida, o formato de trabalho, o ambiente e a rotina, as mesmas tarefas não tinham mais propósito e portanto, senti que eu precisava fazer algo para mudar essa situação.

Nesse momento que eu escrevo a você, está tudo bem, mas nem sempre foi assim e por esse motivo vou compartilhar alguns pontos de vista que foram fundamentais durante minha transição de carreira, no intuito de te ajudar a entender e suavizar esse turbilhão de emoções e conflitos internos que acontecem durante o processo de transição de carreira.

Todos somos influenciados pelo meio que vivemos, hábitos, costumes, pessoas e se tratando do meio profissional não seria diferente. A sua relação com o trabalho foi e continuará sendo moldada e ajustada pelos interesses da época, pela sua maturidade profissional, conhecimentos adquiridos até então, lugares que você frequenta, pessoas com quem interage e comportamentos das gerações, especialmente pelas figuras de autoridade que marcaram nossa história, como pai, mãe, substitutos, professores, líderes religiosos, etc.

Acontece que alguns profissionais por mais que já estejam bem conscientes de que não estão mais satisfeitos com a carreira ou ocupação atual, mesmo se sentindo obsoletos ou estagnados profissionalmente, acabam permanecendo na mesma ou travam sua transição de carreira por não conseguirem administrar o medo do que pode vir a acontecer, muito disso, por desconhecimento e falta de contextualização dos impactos e benefícios do comportamento de mercado com a sua e as demais gerações.

Entender sobre os interesses e motivações das gerações é um ponto muito importante para toda a transição de carreira. Vejo realmente como uma oportunidade de ampliar o seu repertório, além de te encorajar, você pode se preparar para os formatos de mercado que estão "vigentes" e para as possíveis tendências. O quanto antes você entender essas perspectivas, melhor será para se preparar e se manter resiliente durante o processo de transição, assim, você vai conseguir mitigar o gasto de energia ao descobrir movimentos e possibilidades de mercado que você não estava contemplando no seu plano de transição.

Esse movimento é essencial tanto para você que está buscando uma transição para uma nova profissão/ocupação ou ajustando a sua atual para a mesma empresa ou nova colocação de mercado. Analisar as gerações e o mercado de trabalho é lançar um olhar pelo passado, presente e futuro, um movimento essencial em todo processo de transição de carreira.

Existem inúmeros estudos e pesquisas a respeito do comportamento, motivações e interesses de cada geração, o que diferencia de uma geração para outra. Caso você não os conheça, vou citar alguns interesses profissionais, recorte* de minhas pesquisas, para que você consiga identificar em qual delas você fez sua primeira escolha profissional, qual momento você está atualmente e entender como esses podem estar de fato gerando conflitos e travando ou atrasando sua transição de carreira:

- A geração Baby Boomers, considera os nascidos entre 1940 e 1960, ou seja, média de 62 a 82 anos hoje em dia, chegaram ao mundo em um período de fim ou pós Segunda Guerra Mundial. Na carreira são motivados por uma busca por segurança e estabilidade profissional e financeira, demonstram intensa dedicação e compromisso para garantir a valorização e ascensão profissional.

- A geração X, considera os nascidos entre 1960 e 1980, ou seja, média de 42 a 62 anos hoje em dia, carregam características da geração anterior, são motivados por estabilidade, valorizam hierarquia e uma carreira linear.

- A Geração Y, também conhecida como "*millenials*", considera os nascidos entre 1980 e 1995, ou seja, média de 27 a 42 anos hoje em dia, chegaram ao mundo em plena globalização e crescimento da informática. Com as várias e rápidas transformações que passaram, desenvolveram a habilidade de flexibilização às mudanças, são questionadores e imediatistas, valorizam a combinação entre prazer e trabalho, inovação, experiência, muitos buscam posições de liderança, mas também acreditam na liberdade de expor e explorar suas ideias, com isso, boa parte tende a marcar presença no empreendedorismo, saindo do sistema de hierarquia, buscando e acreditando em um modelo de trabalho mais colaborativo.

- A Geração Z considera os nascidos após 1995 e 2010, ou seja, média de 12 a 27 anos atualmente, motivados a trabalhar com algo que acreditam e que tenha impacto nas pessoas, buscam um trabalho com causa e não apenas um emprego, multitarefas, valorizam a tecnologia como meio para jornadas de trabalho mais flexíveis e ampliação do senso de pertencimento.

Acredito que neste breve recorte, fica clara a movimentação do mercado para carreiras não-lineares, caindo por terra a crença de que sua escolha profissional é uma sentença, principalmente se você for um "millenial" como eu, que busca por constante desenvolvimento e tende a buscar por novas oportunidades ao se sentir paralisado. Isso significa dizer que está tudo bem você reajustar a rota da sua carreira, seja para buscar mais qualidade de vida, aumentar seu valor no mercado, descobrir novas habilidades, conciliar outras fontes de renda, liberdade geográfica, independentemente se você pensa em transitar para o empreendedorismo ou outro trabalho fixo.

Para além disso, quando fazemos essa análise temporal dos interesses de cada geração, a compreensão ajudará na tomada de decisão de não ficar preso em comportamentos do passado, que não fazem mais sentido para o que você deseja para sua vida hoje e no futuro. Veja, até pouco tempo atrás trabalhar com certas habilidades como criatividade "era coisa de artista, de marketing, da publicidade" e atualmente é uma

**Vale ressaltar que tanto o agrupamento quanto os marcos de nascimento são aproximados e que essas características por geração, são tendências comportamentais e que não devem ser generalizadas para todos os nascidos em cada ano.*

das habilidades buscadas independente da área; então, esse cuidado de olhar para os significados que cada um de nós deu ao trabalho, sobre o que valorizamos de acordo com a geração que começamos a trabalhar e a geração que estamos vivendo hoje, pode tornar o processo de transição de carreira mais leve e disruptivo do que doloroso. Entendo que mais do que sobreviver às mudanças e conflitos geracionais, é sobre viver uma vida que faça mais sentido para você.

Por muito tempo fomos ensinados a colocar o nosso valor e identidade profissional no que produzimos, mas visto as tendências geracionais, temos a oportunidade de criar conexões e traçar caminhos alternativos, nos empoderando da nossa bagagem e customizando um plano de transição coerente com o mercado e nossos interesses.

Aproveitar essas informações é um convite a romper com a rigidez nos seus processos de escolha, equalizar a sua bagagem com as tendências e enfim, viver **do** seu trabalho **e não para** o seu trabalho, ou como também costumo dizer, **fazer as pazes com a sua carreira.**

Vou encerrando esse capítulo agradecendo por ter me acompanhado até aqui e dizer que vou adorar continuar essa conversa pelas redes sociais. Podemos aprofundar esse e também abordar outros assuntos que vão contribuir na sua transição de carreira, afinal, quando você não está bem com o seu trabalho, isso reflete em todos os outros pilares da sua vida, não é verdade?

Vou esperar seu contato, me manda uma mensagem contando o que fez mais sentido nesse capítulo para você.

Lembre-se: É sobre viver e não sobreviver.

Bora fazer as pazes com a sua carreira?

“Te faço um convite: viver do seu trabalho e não para o seu trabalho, ou como também costumo dizer, fazer as pazes com a sua carreira.”

Débora Catarina

TEM PODER

Thiago Rocha

Sou Thiago Guimarães Rocha, filho de José Rocha e Vanda Mª Guimarães Rocha, casado com Patrícia Rodrigues, nascido em Patrocínio/MG e moro atualmente em Jundiaí/SP.

Sou uma pessoa de fé, entusiasta, romântico, persistente, determinado e influente. Apaixonado pelo desenvolvimento humano, busco continuamente o autoconhecimento para viver a plenitude em todas as áreas da vida e levar o meu melhor para as pessoas.

Sou também empreendedor no desenvolvimento de pessoas e negócios e atuo como *coach* e *business coach*. Especialista em relacionamento *business*, inteligência emocional e reprogramação das Formas de Ver a Vida, a F.V.V.

thiagoguimaraesrocha

11 98734.0940

trochagestao@gmail.com

COMO DESENVOLVER NOVAS COMPETÊNCIAS E SE CAPACITAR

Por Thiago Rocha

Venho de origem humilde e simples, pais trabalhadores e que deram o seu melhor para criar a mim e meus irmãos. Fomos educados com amor e carinho, porém, com muita firmeza. Sempre fui extrovertido e comecei a dar meus primeiros passos na área comercial com 9 anos, onde fiz a minha primeira venda. Na ocasião, vendi um balde de manga para um senhorzinho do mercadinho de frutas da esquina. Na casa onde fui criado haviam dois pés de manga e que davam as melhores frutas naquela época.

Mas foi aos 11 que fui mais ousado, fui para as ruas da cidade vender picolé. Em seguida, fui ser menor aprendiz no antigo Banco Real. Mais à frente, fui para uma empresa do ramo de autopeças onde fui *office boy*. Aprendi muito por onde passei e aos meus 21 anos, percebi que o meu negócio era vender, estar conectado com pessoas.

Em 2001, comecei a atuar na área de telefonia móvel, onde tive que me desenvolver, era algo novo mas aceitei o desafio. Fiquei nesse mercado até junho de 2010.

Com as experiências práticas que vivi ao longo daqueles anos na área comercial, agosto de 2010 foi o divisor de águas na área profissional e que implicou positivamente nas demais áreas da minha vida. Nesse período, comecei a trabalhar como vendedor em uma loja de conceito na cidade, a Styllo Camisaria e Acessórios, uma loja exclusiva para o público masculino. Era uma loja na qual eu desejava trabalhar, até que aconteceu. Ali, eu estava no lugar certo e com as pessoas certas, mas eu tinha a convicção de que precisava de mais. Iniciei minha faculdade de Administração, fiz cursos relacionados à área e sempre buscando novas técnicas de vendas. Então, em pouco mais de um ano na empresa, me tornei gerente e, para que isso acontecesse, tive que desenvolver novos hábitos e competências que o ramo do vestuário exigia.

As competências

Competências são o conjunto de aspectos técnicos que o indivíduo precisa possuir para executar determinada função ou cargo dentro de uma corporação. É a junção de Conhecimento, Habilidades e Atitudes (CHA) que contribui para o desempenho de qualquer profissional, independente do papel dela dentro da empresa. Elas promovem excelência no trabalho, maior produtividade, qualidade, alta performance, satisfação e ser especialista no que faz.

CHA das competências

Conhecimento: é a parte teórica da competência, onde você irá adquirir aprendizado através de leituras, treinamentos, palestras, *workshops*. É o momento em que você vai desenvolver a parte intelectual e mental.

Habilidades: é colocar o conhecimento adquirido em prática, ou seja, é o "saber fazer".

Atitude: é o momento em que você se coloca em ação, é não esperar que te dêem ordens para executar alguma coisa. É ter iniciativa, ser proativo e diferente.

Comportamento e relacionamento interpessoal

Todos nós temos a capacidade de desenvolver novas competências através do autoconhecimento e das experiências vividas com quem nos relacionamos. Autoconhecimento é conhecer de si, onde você está, o que você vem fazendo, e onde você quer chegar. Os relacionamentos são aqueles que você desenvolve em cursos, treinamentos, eventos ou em qualquer outro lugar que você frequente de maneira constante e quando você faz amizades verdadeiras nesses lugares, isso faz com que você queira estar lá sempre, principalmente no trabalho.

Os avanços tecnológicos, a inovação e o mundo cada vez mais digital nos exigem novos hábitos, comportamentos e a nos atualizarmos de maneira constante e frequente. Hoje, vivemos num mundo acelerado onde falamos muito e escutamos pouco. Escutar é diferente de ouvir. Ouvir é simplesmente colher uma informação através da audição, já escutar é você assimilar a informação da experiência integral da outra pessoa. Essa aptidão te ajudará a lidar de maneira eficaz e eficiente em seus relacionamentos. Para você que busca uma nova área de atuação no mercado, é fundamental entender o seu perfil de comportamento.

O psicólogo e professor de Harvard, William Moulton Marston, desenvolveu em 1928 o método de compreensão dos padrões de comportamento, conhecida como "Teoria DISC":

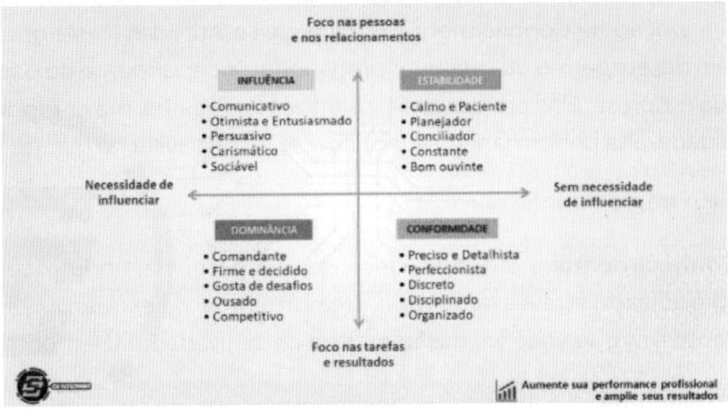

FIGURA 01 – PACA – Pirâmide das Armadilhas de Carreira

Você sabe qual é o seu perfil de comportamento? O seu perfil pode impactar diretamente nas suas experiências e nos seus resultados. Faça uma autoanálise.

"Se você não entende de pessoas, você não entende de negócios."
Simon Sinek

Para sua reflexão: com quem você vem se relacionando? Quais lugares você tem frequentado? Essas relações te aproximam dos seus objetivos? Você tem feito a diferença na vida dessas pessoas?

Comunicação

"Pois, do que há em abundância no coração, disso fala a boca."
Lucas 6:45

A comunicação é tudo. O que comunicamos diz respeito ao que já experienciamos, onde já trabalhamos e aos lugares que já frequentamos. Temos dois níveis de comunicação: a primeira é a comunicação interna ou diálogo interno, são as coisas que dizemos, imaginamos e sentimos dentro de nós mesmos. Já a segunda, são as comunicações externas, que nos ajudam a nos comunicarmos com o mundo, expressada por palavras, tom de voz, postura, expressões faciais, como nos vestimos e nossas ações físicas.

Em uma transição de carreira, é importante entender que tudo o que comunicamos produz resultados. Na busca por uma colocação melhor no mercado, em qualquer circunstância ou situação que esteja, assuma que você é o único responsável por tudo que acontece. Observe a sua fisiologia, a sua postura, expressão facial e corporal, se elas estiverem neutras, seus resultados serão medianos.

Hoje, as redes sociais atuam como grandes aliadas mas também como vilãs. Então, ao fazer imagens para as suas postagens, você poderá preparar os ambientes de acordo com seus interesses e objetivos. Seja uma apresentação, reunião, palestra ou até mesmo com amigos. Seja intencional e não intuitivo. Antes de dar o próximo passo, peça *feedbacks*, tenha as pessoas certas ao seu lado e que serão sinceras e que contribuirão no seu processo de transição.

Quais aspectos de sua comunicação e fisiologia valem a pena serem mudados?Analise a relação a seguir:

Comunicação não verbal		Comunicação verbal
Corporal	**facial**	**Voz**
Respiração	Sorriso	Timbre da voz
Postura	Olhar	Volume
Gestos	Barba feita	Intensidade da voz
Toque	Maquiagem	Frases/palavras

Para sua reflexão: qual tem sido a sua comunicação interna? O que você vem pensando a seu respeito? Qual tem sido a sua verbalização? Como tem sido a sua postura diante das situações?

Modelagem

"Você modela suas percepções ou alguém as modela para você."
- Tony Robbins

A modelagem de competências é uma prática comercial projetada para escolha de novos colaboradores no processo de recrutamento e seleção. As empresas querem ser efetivas na escolha dos melhores para cada função, isto envolve a observação e o mapeamento dos processos bem-sucedidos que preparam a base para um desempenho acima da média.

Muitas pessoas que buscam por trabalhos melhores e iniciam um processo de transição de carreira, acham que estão começando do zero por buscarem uma área nova de atuação, que não tem a experiência específica e necessária nesta determinada área. É importante você entender que, a partir do momento em que se está no mercado de trabalho, independente do tempo, você já possui experiências, competências e resultados que você já adquiriu e entregou.

Transição de carreira não é você estar em uma empresa **A**, hoje, e querer ir para empresa **B** amanhã, requer planejamento, paciência e estar com as pessoas certas. Você precisa se preparar, elencar seus requisitos, qualidades. A grande maioria dos seres humanos têm o vício de potencializar as limitações e as fraquezas, isso deve ser eliminado. Portanto, valorize seus requisitos e suas qualidades, isso fará toda diferença.

Em um mundo cada vez mais moderno e competitivo, é importante buscarmos as pessoas certas para modelar, suas ideias e formas de ver a vida, fisiologia, etc. Na área em que você busca atuar, modele pessoas bem sucedidas que atuam nessa área. O que ela faz, como ela anda, os lugares que ela frequenta, *hobbys* e se você puder estar com essa pessoa, melhor ainda. Entenda que, ao estar ao lado dela, você aprende com ela, mas ela também aprende com você. Há sempre um profissional ou empresário que você admira e como dizem as leis da Programação Neurolinguística (PNL), se você modelar perfeitamente alguém, as chances de você ter acesso aos mesmos recursos que essa pessoa são grandes e, consequentemente, os seus resultados serão parecidos com o dela. Aproveite as oportunidades.

Para sua reflexão: em quem você tem se espelhado? Quais os resultados dessa pessoa?

Maestria

O filósofo e professor Mario Sergio Cortella afirma: ***"Dê o seu melhor nas condições que você tem, até que tenha condições melhores, para fazer melhor ainda."***

A maestria é uma característica que irá conduzí-lo ao sucesso. É aquilo que ultrapassa o óbvio, aumentando sua área de domínio e amplitude dos horizontes. É pensar fora da caixa. Isso faz com que você se torne um profissional exclusivo e diferenciado, sendo desejado pelo mercado. Em um mundo cada vez mais acelerado e dinâmico, busque o conhecimento especializado na área em que você for atuar. Seja interessado para que você seja interessante.

“Transforme a situação de momento em argumento.”

Thiago Rocha

Osvaldir Filho

Sou Osvaldir Filho, ajudo profissionais do mundo corporativo nos desafios de carreira a terem melhores resultados na comunicação, com uma liderança construtiva. Sempre gostei da minha profissão, mas sentia que era a hora e que precisava mudar algo, mudar meu estilo. Comecei um processo de autoconhecimento, descobri que precisava empreender com mais autonomia e flexibilidade. Então, fiz várias especializações para o desenvolvimento humano e comportamental, como *coach*.

Decidi focar nessa carreira porque tem muito a ver com minha história de vida profissional, ativos adquiridos na minha trajetória, como gestão e liderança e lidar com as pessoas, o ativo mais importante para qualquer negócio.

osvaldirfilho.mentor_coach

Osvaldir Filho

11 96873.9107

osvaldirfilhocoach.com

A IMPORTÂNCIA DO PERFIL PROFISSIONAL NO MERCADO DE TRABALHO

Por Osvaldir Filho

Durante minha carreira, um dos fatores que mais me diferenciou foi saber como lidar com as pessoas, saber negociar, ter empatia, influenciar e entender, sendo mais diplomático.

Uma época em que a figura do chefe era quem mandava e era autoritário, a liderança não era muito bem recebida e com viés, sobre como saber influenciar e desenvolver as pessoas. A preocupação com os funcionários estava apenas em remunerar, dar cargos e o trabalho em si; exigências focadas nas experiências, tempo de trabalho e técnicas. Pouco se preocupava com comportamentos, esse era um trabalho voltado apenas para o setor de Recursos Humanos.

Os conflitos eram minimizados pela voz de comando e não por entender as pessoas, suas ideias e como elas se comportavam; muito se demitia, mesmo com ótimos profissionais. O simples fato das pessoas estarem no setor errado, gerava conflitos intensos e elas não eram aproveitadas em outras áreas, o que prevalecia era a cultura da empresa.

Hoje, e principalmente no futuro, o profissional que não souber usar as habilidades comportamentais, como: usar seu próprio perfil e as diferenças comportamentais para se comunicar, seja para vender, empreender ou nas relações interpessoais, vai ficar para trás.

Em um lugar onde a tecnologia só cresce e vai tomando o lugar das pessoas, quem tiver as habilidades comportamentais, terá seus destaques na carreira e no futuro do trabalho. O que isso ajuda? Veja, as empresas ao contratar profissionais e olhar apenas para as experiências técnicas e não se preocuparem em colocar as pessoas certas nos lugares certos, terão dificuldades em reter talentos, porque é um gasto de energia muito grande, um nível de exigência desigual.

Vamos analisar os cenários abaixo que acontecem muito hoje em dia:

Exemplo 1: Uma pessoa com perfil com alta dominância (executor), prático, de muitos resultados, desafios e multitarefas, em um ambiente mais burocrático, sem autonomia, muito controlado. Sem essa dinâmica, com tempo ele irá se desmotivar e mesmo com bons cargos e salários, o clima não irá condizer com o seu comportamento, não conseguirá aplicar seus pontos fortes, talentos e habilidades.

Exemplo 2: Uma pessoa em transição de carreira quer empreender, mas tem um perfil com alta cautela (metódico), muito perfeccionista, regrado, dá ordens, trabalha com processos, é analítico, metódico e mais centralizador. Como empreendedor, precisará assumir como o dono de um negócio, onde vai precisar se comunicar muito com as pessoas, influenciando, convencendo, persuadindo e o pai dela tinha esse perfil. Como vai ficar essa pessoa se insistir em ter o mesmo comportamento do pai?

Exemplo 3: Uma pessoa voltada para a colaboração, perfil estável (planejador), planejamento, evita mudanças, segurança, estar em lugar que exige prazos, projetos relatórios, reuniões aleatórias, correria, mudanças repentinas, desorganização, mas, com boa remuneração e estabilidade financeira, Com o tempo, como fica a motivação desse profissional?

Exemplo 4: Uma pessoa expansiva, com alta influência, comunicadora inata, adora pessoas e relações, está trabalhando em *home office*, em uma empresa e cargo com trabalhos totalmente burocráticos; conversas e interação só por e-mail formais, sem acesso às pessoas, não vendo a hora de bater o cartão para interagir com alguém, sentir-se acolhido e reconhecido. Como será essa pessoa com o tempo?

Veja, as máquinas e a tecnologia não substituem o nosso maior ativo: as pessoas, as interações e as relações.

Os jovens, por exemplo, terão de 3 a 5 formações, no mínimo. Estes, que são mais ansiosos, esperam resultados mais rápidos, mais dinâmicos, práticos, são pesquisadores e questionadores. Se as empresas não tiverem essa visão do perfil profissional do futuro de cada um, dificilmente conseguirão reter os talentos.

Outro fator importante: antigamente os líderes eram os chamados "chefes", com autoridade ou com a voz de comando, sem se preocupar com o perfil dos profissionais. Hoje, a liderança e a conquista é pela influência, servindo, trabalhando com parceria, desenvolvendo o liderado.

Conhecendo essas diferenças, será fundamental para uma boa relação com seu time conseguir dar bons *feedbacks*, distribuir tarefas mais assertivas e resolver mais eficazmente os conflitos.

Por exemplo, as avaliações das empresas. Os líderes que têm um grupo de profissionais com a mesma função para desenvolver a entrega de uma demanda trabalho: um é mais demorado, devido à qualidade e análise; outro mais planejador e organizado; outro entrega muito mais rápido mas sem análise e precisão e o outro demora porque o negócio é se comunicar, perde tempo e devido à dificuldade que tem ao lidar com a rotina, acaba atrasando o trabalho.

Ao dar *feedback*, é necessário entender qual perfil está em jogo ao passar a aquela demanda. Como a empresa espera que a entrega seja feita? Com velocidade, com prazo ou com qualidade? Veja a importância do processo seletivo do RH, alinhar a cultura da empresa a essas importâncias que têm as diferenças do perfil do profissional.

No livro *Como Fazer Amigos e Influenciar Pessoas*, de Dale Carnegie (1936), há relatos de que 85% do sucesso de um profissional ou de uma empresa vem da capacidade que ela tem em lidar com os diferentes tipos de pessoas.

Um fator muito importante que o futuro dos profissionais e o mercado tem que analisar é gestão de conflitos, com viés para o perfil de cada profissional, lembrando que temos 4 perfis fundamentais com a predominâncias em um ou dois deles: o Dominante (executor), o Influente (comunicador), o Estável (planejador) e o Cautela (analista perfeccionista).

Os profissionais, baseados em seus perfis, quando usam seus pontos fortes e lapidam os pontos de melhoria, formam uma junção e combinação de pessoas que se complementam e isto é fundamental para o sucesso profissional de uma empresa, de times e pares.

Na minha vivência lidando com diretores, pares, prestadores, empresários e os times, observei que em uma reunião, por exemplo, em que o dominante que já tem o resultado em mente, passa essa energia sendo prático, dizendo: "Se fizer isso, acabou o problema". O perfil cauteloso entende como arrogância, questionando: "Faltou analisar a estabilidade, faltou planejar, não é bem assim"; o influente pensa: "Faltou uma conversa amigável para ouvir todas as partes". Sendo que o fator ali era somente resolver o problema. Veja, se todos na sala soubessem como funcionam os perfis, teria o conflito? Não. Teria apenas que alinhar o que cada perfil precisaria para interagir, o mínimo necessário, na resolução do problema. Esse tipo de situação só se resolve com autoconhecimento, conhecimento sobre o futuro do mercado de trabalho e das profissões, que são fatores fundamentais para o sucesso.

O profissional do futuro precisa ter um perfil voltado para habilidades cognitivas, comunicação, colaboração, criatividade e inteligência emocional, principalmente em cargos de liderança.

Precisamos nos reinventar. Uma pesquisa feita pelo Fórum Econômico Mundial afirma que no futuro, mais de 35% das habilidades que hoje são consideradas importantes e essenciais vão mudar, por isso, temos que ficar de olho na estratégia. A dica é ficar atento ao futuro, fortalecer seus conhecimentos e habilidades. Conhecimento é um poder essencial, mas somente quando é colocado em prática.

Ganhamos conhecimento quando lemos, ouvimos, assistimos ou debatemos. Quanto mais ensinamos, mais aprendemos, sempre observando como as pessoas funcionam, entendem, se comportam; como gostam de se comunicar e como nós gostamos de ensinar, com base nas diferenças. Isso é essencial para o desenvolvimento.

Qual a principal diferença entre o profissional tradicional e o profissional do futuro?

O profissional tradicional atua de maneira linear, seguindo orientações em um ambiente impessoal, de maneira alheia ao processo. É o funcionário que chega, faz o que deve ser feito e vai embora.

O profissional do futuro consegue influenciar as pessoas à sua volta. Ele não realiza o trabalho de forma mecânica, mas sim, atento às tarefas e buscando melhorias para que tudo seja feito com mais rapidez e eficiência.

Esse trabalhador mais atuante é capaz de interligar diversos setores, ajudando a encontrar soluções e atuando com engajamento, valorizando a participação da equipe e a colaboração. E você, já está pronto para assumir o perfil do profissional do futuro e garantir a sua relevância no mercado? Com essas dicas, com certeza você já pode trabalhar no seu desenvolvimento e garantir a empregabilidade para os próximos anos.

Concluo afirmando que as habilidades do futuro não serão as habilidades técnicas, mas sim, as comportamentais; as técnicas têm sua importância, mas não serão o diferencial.

Você quer ser um profissional, um empreendedor do futuro? Se desenvolva com habilidades comportamentais e entenda o perfil comportamental de cada pessoa, isto será um divisor de águas na sua carreira e no seu futuro profissional.

Trabalhe autoconhecimento, inteligência emocional, comunicação, habilidades comportamentais, os aspectos importantes e onde poderá aplicá-los. Eu trabalho com processos de carreira, mentorias de lideranças, fora as minhas vivências com liderança e gestão. Vejo essas dificuldades diariamente e, pensando nisso, desenvolvi no meu *site* como você pode descobrir o seu perfil predominante e como funcionam os outros perfis, isso já te dará um norte muito grande. Você encontrará essa ferramenta em **www.osvaldirfilhocoach.com/disc**

Se quer saber mais sobre você e como identificar e se comunicar entendendo as diferenças dos perfis dos profissionais, pode me procurar que faço um treinamento específico e personalizado para você ou sua empresa, para que você seja um profissional admirado, diferenciado e destacado no mercado.

“As pessoas são a chave para qualquer negócio.”

Osvaldir Filho

Karina Almeida Ferreira

Eu sou Karina Almeida Ferreira, formada em Relações Internacionais, pós-graduada em Gestão Comercial. Construí uma carreira em desenvolvimento de negócios e parcerias que me deu *nohall* para atuar como mentora e consultora de negócios.

Além da formação acadêmica, sou formada em *master coaching* que dentre todas as técnicas que eu conheci, realmente demonstrou ter uma metodologia altamente eficaz e de real transformação em todas as esferas da vida. Unindo todo este conhecimento e adicionando minha expertise e real vontade de transformar vidas, direcionei minha energia, foco, amor e coração para a área de desenvolvimento pessoal.

Karina Ferreira

eusoukarinaferreira

desperteemovase

INTELIGÊNCIAS MÚLTIPLAS

Por Karina Almeida Ferreira

Ao longo da minha vida pessoal e profissional, percebi em diversas situações o quanto os resultados de cada pessoa estão relacionados aos tipos de inteligência que ela possui. Falar sobre esse tema é entender a importância do autoconhecimento e desenvolvimento pessoal e você saberá o motivo disso quando terminar essa leitura.

Você pode até não ter consciência, mas se você não sabe o que são inteligências múltiplas você perdeu, está perdendo ou irá perder alguma oportunidade em sua vida.

É fato que as informações não são passadas de forma leve e clara e grande parte da sociedade global não tem acesso a questionamentos como estes, pois está focada em sobreviver. Se você não tem o que comer, como irá pensar em teorias defendidas por psicólogos renomados como Howard Gardner, que liderou um estudo sobre a Teoria das Inteligências Múltiplas a partir da década de 1980? Quero que reflita sobre algo: se você não se acha inteligente, talvez você sofra com crenças limitantes.

Olhe ao redor e avalie como o mundo funciona, pense nas relações, veja como o ambiente pessoal e corporativo não se isolam efetivamente, como as relações e situações se entrelaçam de forma tão intensa que, muitas vezes, para alguns é difícil saber onde uma acaba e a outra começa. Está cada vez mais desafiador lidar com tudo, são muitas informações, muito conteúdo, a tragédia e a comédia se misturam em um mundo líquido e fugaz. Ok, Karina, mas onde entra o tema de inteligências aqui? Você irá entender.

Em um mundo dinâmico e digital, o que me encanta são pessoas que não tem quase nenhum acesso, que não tem, muitas vezes, ferramentas desenvolvidas e conseguem alcançar a excelência no que fazem; pode ter certeza que não é por acaso.

Imagine que você está no meio de um vale, um vale escuro, cheio de montanhas irregulares, chão batido, nenhuma água por perto, muitas pedras e sem alimento por perto. Você não se sente seguro onde está e o medo de se deparar com um bicho selvagem, uma planta venenosa e até mesmo um buraco, te faz ficar parado e paralisado. Devido ao fato de você estar em um local com muitas montanhas, você tem a visão limitada e não consegue ver além, não consegue olhar o que tem por trás e isso te deixa ainda mais apreensivo.

Você está nitidamente sem controle e quando está quase desistindo, escuta algo, uma voz e aquilo desperta em você, em um primeiro momento, uma dúvida: o que será? Você sente medo e quase se desespera, chega a sair correndo, mas o barulho te persegue, está cada vez mais perto a ponto de não ser possível escapar e quando você se dá conta, é um morador local que se aproxima com alimento, água e se dispondo a ajudar, pois havia observado sua angústia.

Conseguiu viver esta história?

Não desenvolver múltiplas inteligências inibe o seu posicionamento, pois se você não sabe exatamente do que é capaz, quando fracassar, irá desistir ao invés de persistir. Por não entender o seu perfil e as suas potencialidades acabará frustrado em uma carreira sem sentido, se questionando sobre sua existência e utilidade, afetando suas crenças de identidade, capacidade e merecimento. Com isso, sua vida profissional será grandemente afetada e sua vida pessoal também.

As inteligências múltiplas estão ligadas aos perfis comportamentais; você terá uma predisposição para desenvolver inteligências congruentes com seu perfil. Sim, é verdade, uma pessoa com o perfil conforme poderá ter mais destreza para habilidades que ressaltem ainda mais as características inerentes ao seu perfil, como precisão, detalhes e etc.

Tudo está conectado e neste quesito não poderia ser diferente, ainda mais vislumbrando o que cada inteligência apresenta na Teoria encabeçada por Gardner traz. São 8: A Linguística, Lógico - Matemático, Corporal, Naturalista, Intrapessoal, Interpessoal, Espacial e Musical.

A *Inteligência Linguística* possibilita para quem a detém habilidades de persuasão, entendimento profundo do discurso aplicado para o convencimento e explicação estruturada do que se tem a dizer ou apresentar para uma ou mais pessoas. Mais do que uma inteligência, comunicar-se bem irá abrir e fechar portas ao longo de sua vida. O diálogo interno é um dos principais motivadores ou impedidores quando falamos de resultados. A linguagem é tão importante que mesmo pessoas que por algum motivo não podem falar, poderão se comunicar com a linguagem universal de sinais.

A *Inteligência Lógico-matemática* propicia o raciocínio lógico e resolução de problemas, não é à toa que os engenheiros são os mais procurados para trabalhar na área de investimentos.

Agora imagina uma inteligência em perceber tudo ao seu redor de uma maneira harmônica e ampla, cores, formas, tons, para representar e potencializar o que cada um tem de melhor. Artistas, arquitetos que dão brilho e destaque à coisas que são imperceptíveis aos que não a possuem. Esta é a *Inteligência Espacial.* Obter este tipo de inteligência pode te levar a níveis extraordinários de consciência e resultados. Fora o que possibilita nas relações humanas, gerando empatia e respeito profundo pelo outro.

O tema esporte nos traz sempre a ideia de força e disciplina, foco, atenção aos detalhes e dentro da teoria das inteligências múltiplas é a *Inteligência Corporal* cinestésica que fica ainda mais ressaltada, mostrando a comprovação da possibilidade de usar o corpo de forma inteligente, cognitivamente. O conhecimento de seu próprio corpo, limites, harmonia, equilíbrio, quebra de recordes, superando-o, usando-o como uma ferramenta focada, com respostas cognitivas, resistência e destreza; como na dança, por exemplo, coreografando os passos de forma inteligente e intencional e com isso obter resultados planejados.

A *Inteligência Musical* além de ter uma importância escalável, ressalta ainda mais a forma de expressão, por dar vida às notas e trazer som através de instrumentos e de forma inteligente gerar resultados estratosféricos. Os impactos da música na vida de uma criança, na aplicação dos estudos e desenvolvimento de talentos são inquestionáveis. Saindo apenas da aplicação prática e olhando pelo viés do belo que a música traz, noto que este tipo de inteligência une a força e a beleza.

Nunca se falou tanto em habilidades interpessoais, *softskills* e etc. Então, a próxima inteligência irá te conquistar.

Pessoas que parecem ter um dom especial de lidar com o outro, que inspiram, que são atrativas em sua maneira de lidar com pessoas, possuem esta inteligência. Conhecer esta habilidade, identificar e desenvolver este tipo de inteligência, irá ensinar muito sobre relações entre pessoas, essa é a *Inteligência Interpessoal.*

Vamos falar de uma outra inteligência, que é a *Inteligência Intrapessoal*, que ao meu ver, descreve e corrobora para o conceito de inteligência emocional cunhado por Daniel Goleman, pois uma vez que o indivíduo se autoconhece, se percebe, ele interage de forma mais assertiva com os demais.

Na antiguidade quando não haviam equipamentos tecnológicos e ferramentas desenvolvidas, havia indivíduos que eram procurados por sua habilidade de conhecer a natureza e seus mistérios, manipuladores de terras, ervas, alimentos, conhecedores de temperaturas e estações do ano mais assertivas para o plantio, quais frutos eram comestíveis ou não. Podemos enxergar como habilidade para sobrevivência, mas dentro da teoria de inteligências múltiplas este tipo de desenvolvimento cognitivo é apresentado como a *Inteligência Natural,* tanto por leigos quanto comprovado através de pesquisas por estudiosos pesquisadores.

Por mais que algumas correntes discordem da Teoria das Inteligências Múltiplas e nos façam pensar que são dons ou habilidades, ao aprofundar-nos no tema, iremos identificar em nós mesmos certos tipos de conhecimento, certa inteligência inata que nos predispõe a sermos bons em algo, mesmo sem ter estudado ou focado em desenvolvê-lo. Não é uma simples habilidade mas algo inteligente que possui congruência.

Um jogador expert em xadrez não só possui uma simples habilidade de jogar. Na verdade, sem demonstrar, ele antevê as jogadas, arquiteta cada passo, tem a visão ampla do tabuleiro como se soubesse por onde as peças adversárias terão que passar, envolvendo o jogador adversário e conduzindo-o, como em uma dança, para o fatal xeque-mate.

Eu vou te contar uma coisa que você já deve saber, mas talvez não tenha o peso que teve para mim. Quando você se destaca demais, quando você reconhece sua voz e que sua missão é grandiosa, você vai encontrar muitas pessoas no caminho que tentarão te silenciar. Como, Karina? Te dizendo que você não é capaz, que você não é suficiente, que o que você deseja é impossível e que não irá conseguir.

Eu contei tudo isso para vocês pois entender sobre inteligências múltiplas, como desenvolvê-las e identificá-las me permitiu entender quem eu sou e buscar meu lugar no mundo, o que quero realizar para mim, para os meus, como quero ser lembrada, e por isso decidi deixar as historinhas de lado e tomar as rédeas da minha vida.

Quando você entender este processo grandioso de descoberta ou redescoberta, ninguém irá silenciar a chamada de sua alma nunca mais.

- Você está disposto a sair da média e potencializar quem você é e buscar melhores resultados profissionais e pessoais?
- Quem é você?
- Como quer ser lembrado?
- Quais são seus valores inegociáveis?
- Quais resultados quer alcançar?

Depois de identificar *de onde veio e onde está*, em todos os aspectos em sua vida, chegou a hora de traçar os objetivos, entendendo qual o seu potencial atual e qual habilidade quer desenvolver para facilitar e ser uma ponte para seus resultados.

Me conta, o que é importante para você? Qual o valor da sua realização?

Eu posso te ajudar a planejar e trilhar um caminho multiplamente inteligente para que você possa avançar em todos os aspectos da sua vida. Como comentei anteriormente, comprovei de várias formas que tudo está conectado e minha decisão, minha ação de hoje irá impactar positiva ou negativamente a minha vida e do meio onde estou inserido.

Então, qual a decisão que você toma?

“O que fazemos na vida ecoa pela eternidade, então qual é a sua marca que irá ecoar pelo infinito?”

Karina Almeida Ferreira

Priscilla Azevedo

Sou Priscilla Azevedo, psicóloga (CRP 06/66106) e atuo com cursos e mentorias em orientação profissional e de carreira, auxiliando mulheres na escolha certa da nova profissão e no processo de transição de carreira, através do meu programa “Jornada Sua Vida do Seu Jeito”.

Após trabalhar por quinze anos como professora, ser concursada do serviço público e me ver frustrada e infeliz com minha profissão, fiz uma jornada de reconexão para me reencontrar e descobrir o que realmente me faria feliz profissionalmente, fazendo minha transição de carreira, exonerando de um cargo público para empreender e ter o meu trabalho de realização.

priscilla_azevedo_psi

suavidadoseujeito@gmail.com

suavidadoseujeito.com.br

COMO ESCOLHER UMA NOVA CARREIRA DE REALIZAÇÃO

Por Priscilla Azevedo

Como foi que você escolheu a sua primeira carreira? Você chegou a ter a chance de escolher ou você teve que começar a trabalhar muito cedo, já entrando no mercado de trabalho no primeiro emprego que apareceu e nem teve a oportunidade de pensar nesse processo de escolha?

Em nossa sociedade, precisamos tomar decisões de escolha de carreira ainda muito jovens. Eu mesma tive que fazer essa opção aos 17 anos, no final do Ensino Médio, muito novinha ainda. Então, quais são os critérios que usamos para nos basear no momento da escolha? Olhamos para o mercado de trabalho, provavelmente procurando o que traz dinheiro ou para as áreas que têm maior empregabilidade. Olhamos para as profissões que oferecem mais *status* social ou para as que são reconhecidas e nobres, talvez. Também ouvimos conselhos e opiniões, dos nossos pais, dos adultos ao nosso redor, além dos nossos amigos.

No meu caso, aos 17 anos fiz a minha escolha de qual faculdade iria cursar. Eu tinha muitas dúvidas sobre como escolher a profissão certa, aquela que eu iria trabalhar pelo resto da minha vida. No meu coração, eu queria fazer alguma coisa relacionada com arte e com música, coisas que eu amava, mas meus pais me orientavam dizendo: "Isso não dá dinheiro" e "Isso não é uma profissão."

Eu deveria buscar uma carreira estável, segura e que trouxesse meu sustento, de preferência entrando para o serviço público. Não era possível ser feliz com o trabalho, eles me diziam. Trabalho era para ganhar dinheiro. As coisas felizes nós deveríamos fazer aos finais de semana, como *hobby*. "Esta era a realidade da vida", assim eles falavam ao me orientar na minha escolha profissional.

Quantos de nós vemos o trabalho exatamente dessa maneira? Mas será que o trabalho é isso mesmo? Entramos na vida profissional para ganhar dinheiro, nos sustentar, sobreviver ou alcançar um certo *status*. Então, prosseguimos e os anos passam. Alcançamos tudo isso, conquistamos nosso sustento, a estabilidade, os bens materiais e até alguma posição de liderança. No entanto, com muita frequência, trabalhamos de forma mecânica, sem ver sentido no que fazemos e sem sentir conexão com aquilo e ao chegarmos ali nos 30 anos, aproximadamente, algo começa a acontecer. É como se a vida começasse a cobrar o preço.

Percebemos que não estamos felizes ou que estamos vazios e cansados. Talvez, muito além disso, começamos a ficar doentes. Emocionalmente doentes, com depressão, crises de ansiedade ou quem sabe até síndrome do pânico. Muitas vezes, fisicamente doentes também, com doenças psicossomáticas causadas pelo estresse. Irritações de pele sem explicação, pressão arterial alterada, dores nas costas e nos ombros. Era exatamente assim que eu me encontrava ao chegar aos 34 anos.

O trabalho é realmente capaz de nos adoecer. Nesse momento, comecei a questionar minhas escolhas e a questionar minha vida. Veio uma vontade forte de mudar de profissão, de fazer algo que me desse mais prazer, que fizesse mais sentido para o meu coração. É aí que está o grande problema, com o qual nos deparamos nesse momento.

O que faz sentido para o nosso coração? O que nos faz felizes? O que nos dá prazer? Muitos de nós, atualmente, já não sabemos mais responder a essas perguntas. Fomos engolidos pela vida adulta e nos perdemos no meio do caminho. Esquecemos de quem somos e nos desconectamos de nós mesmos. O que devemos fazer, então? Continuar na carreira que estamos e nos conformar? Começar a buscar uma nova carreira, de novo olhando para fora, para o mercado de trabalho, para a empregabilidade, ouvindo sugestões dos amigos e familiares?

Não, meu caro leitor. Eu estou aqui para te dizer que, nesse momento, a única coisa que você deve fazer é olhar para dentro. É o autoconhecimento. É se reconectar com quem você é de verdade e buscar aquela pessoa que se perdeu pelo caminho. É no seu coração que estão as respostas que você procura para ter um trabalho de realização. O trabalho não é apenas uma forma de sustento e sobrevivência, ele é um meio para você agir no mundo, se expressar, se conectar e servir a partir de quem você é, dos seus talentos, da sua personalidade, dos seus valores e das suas forças.

Vamos ver então como você pode fazer isso.

O autor britânico Richard Barrett, criador do modelo dos Sete Níveis de Consciência, organizou, em um esquema bem didático, esse caminho de desenvolvimento e evolução que trilhamos, como seres humanos, na busca por realização e propósito. Você pode acessar este Modelo utilizando o QR Code que deixei disponível ao final deste capítulo.

Iniciamos nosso caminho pelo primeiro nível de necessidade humana, **a necessidade de sobrevivência e segurança**. É essa a primeira motivação que nos leva a iniciar nossa vida profissional, procurando por uma carreira que vá nos trazer dinheiro e sustento.

Ao sentir que temos nosso sustento minimamente garantido, que nos traz segurança e sobrevivência, começamos a buscar suprir o segundo nível, que é **o desejo de pertencimento**. Queremos pertencer a um grupo, ser aceitos, ser amados, ter amigos e ter com quem contar. Ansiamos por isso também no nosso ambiente de trabalho, com colegas, gestores e clientes.

Em seguida, começamos a cobiçar **a aceitação social**, buscando uma posição de *status* que nos traga reconhecimento e valorização. Queremos ser importantes de alguma forma, seja tendo um cargo de liderança, fazendo um mestrado, passando em um concurso público, sendo famoso ou influenciador; tendo uma profissão reconhecida e importante ou tendo bens materiais de luxo. Entendemos que o reconhecimento social nos valida como seres humanos.

Estes três níveis são necessidades básicas as quais todos os seres humanos vão buscar no seu início de vida adulta: sobrevivência, pertencimento e *status* social. O quanto essas necessidades básicas te motivaram e influenciaram sua primeira escolha profissional e a construção da sua primeira carreira? Isto nos leva ao quarto nível de necessidade humana, o nível de **individuação**, ou seja, você se torna um adulto com independência e individualidade. Muito bem, você chegou até aqui! Provavelmente por volta dos seus 30 anos, assim como eu.

Achamos que este é o fim do caminho da evolução e das conquistas, no entanto, meu caro leitor, não é! E é isso que começamos a sentir neste momento. É um chamado diferente, um chamado por mais. É algo que vem do coração, dizendo que a vida pode ser mais, que a vida tem que ser mais do que isso, do que simplesmente trabalhar para pagar boletos, comprar coisas materiais, confraternizar com colegas e ser reconhecido pela sociedade. O que existe além disso? É aqui que iniciamos seu caminho rumo à sua nova carreira de realização.

O quinto nível desta jornada é o nível da **coesão interna**. É você viver de forma coerente com quem você é de verdade. E quem é você de verdade? Esta é a grande pergunta a ser respondida neste momento. Chegou a hora de olhar para dentro e se descobrir. Qual é o seu temperamento e a sua personalidade? Quais são os arquétipos que te definem? Quais são seus talentos e interesses naturais? Quais são os seus valores, forças e ideais? Sentimos a necessidade de responder a estas perguntas. Porque é a partir dessa pessoa que você é de verdade, que irá transbordar para o mundo e impactar as coisas ao seu redor verdadeiramente. Sem máscaras.

As necessidades anteriores de segurança, pertencimento e aceitação, muitas vezes nos fizeram desenvolver máscaras sociais. Nos forçamos a esconder coisas valiosas nossas, mas que aprendemos que são inadequadas, erradas ou não são boas o suficiente. Mas é justamente nestas características únicas que está o nosso valor, a nossa contribuição para o mundo. É somente quando completamos o nível cinco, de reconexão com quem somos de verdade para viver com coesão interna, que podemos alcançar os níveis superiores desse caminho de evolução que são os níveis da conexão e do servir.

Estes são os níveis onde a sua realização profissional está. Trabalhar fazendo o que gosta, utilizando seus talentos, respeitando suas características, se expressando e se mostrando para o mundo de verdade, para então ajudar o mundo a ser melhor. Fazer a diferença de alguma forma. Reunir pessoas e formar comunidades. Causar mudanças. Transformar as coisas.

Como escolher, então, sua nova carreira, que vai te trazer realização profissional verdadeiramente? Que vai te fazer acordar motivado para trabalhar e terminar seu dia bem disposto e feliz por tudo que fez? A resposta é: olhando para você e para seu coração, se conhecendo a fundo. Não somente olhando para a pessoa que você se tornou, que, muitas vezes, é uma máscara para se encaixar na sociedade. Olhando para todas as suas potencialidades, para a pessoa que você nasceu para ser, que está aí guardadinha dentro de você.

Este é o seu momento de autodescobrimento. Não tome uma decisão profissional antes de fazer esta jornada tão linda de reconexão com quem você é de verdade. Descubra qual é seu temperamento original, o que você verdadeiramente ama, quais são os ideais que tocam fundo na sua alma, seus talentos naturais, suas forças e qualidades, os valores do seu coração, os arquétipos que te caracterizam e qual é seu tipo de personalidade. A partir destas informações, defina a sua missão profissional e faça a escolha de como você vai começar a impactar o mundo com a sua luz.

Uma nova vida te espera a partir da sua transição de carreira. Então, agora, comece a se lembrar de quem um dia você foi e deixou para trás. Do que você gostava de brincar? O que você gostava de aprender? Como você era quando era criança? Quais eram seus sonhos? Como você imaginava que o mundo deveria ser? Faça uma pesquisa da sua história e do seu passado e se encante com o tesouro que você vai descobrir. Vai ser utilizando essa força da criança que você foi, que você se conectará com o seu Eu do futuro.

“É no seu coração que estão as respostas que você procura para ter um trabalho de realização.”

Priscilla Azevedo

Deni Bento

Sou Deni Bento, cristã, casada com Fábio, mãe de Heloisa, de 12 anos e Helena, de 10. Trabalhei 24 anos em uma empresa multinacional de grande porte, porém, encontrei no desenvolvimento humano a minha transformação e um novo chamado de vida. Por isso, efetuei a tão sonhada e planejada transição de carreira em janeiro de 2022.

Neste capítulo quero te ensinar o que eu precisei reconhecer, aceitar e mudar dentro de mim para ter a coragem e a ousadia de pedir a minha demissão. Hoje, eu sou uma mulher muito mais feliz, realizada, com maior flexibilidade de tempo e posso investir em meu maior tesouro: a minha família.

eu.denibento

Deni G. Malafaia Bento

19 98238.0679

deni_gleise@yahoo.com

oseucoach.com/deni.bento.285

COMO SE PREPARAR PARA UMA TRANSIÇÃO DE CARREIRA

Por Deni Bento

Eu estudei, me formei, casei, tive (infelizmente) um câncer ovariano e após o nascimento das minhas duas filhas, eu queria muito ter mais tempo e acompanhar o desenvolvimento de cada uma, principalmente por ter me curado do câncer e pela graça concedida de passar por duas gestações.

Era dezembro de 2015, meu marido havia sido demitido, trabalhávamos na mesma empresa e naquele momento tudo mudou, eu que desejava fortemente me desligar do trabalho para cuidar das filhas, me tornei a base financeira e a provedora dos benefícios médicos da família. Foi um período bem turbulento para nós, momentos de muitas adaptações e desafios com o novo cenário, filhas pequenas e o emocional do marido bem abalado.

Em 2017, participei de um programa de *coaching* em grupo para mulheres e foi neste treinamento o início de todo o meu despertar. Muitas fichas caíram naquelas 5 semanas, muita consciência e o forte desejo de contribuir mais aqui neste mundo (deixar um legado). Eu decidi que iria fazer o Método CIS (*Coaching* Integral Sistêmico) de inteligencia emocional com o meu esposo, as meninas ainda estavam pequenas, mas precisávamos buscar este equilibrio dentro de nossas vidas. E em fevereiro de 2019, aconteceu! Estávamos lá, nós dois, 3 dias de curso, imersos, aprendendo sobre inteligência emocional e uma nova Deni nascia, com novos sonhos, projetos e um novo estilo de vida.

Após o CIS comecei as formações, especializações e muitos cursos, adquirindo novos conhecimentos, reprogramando as crenças limitantes e estudando muito. Porém, sem muita prática, porque os medos e a insegurança ainda me paralisavam. Foi então que veio a pandemia da COVID19, muitas mães desesperadas, com os filhos em casa, conflitos familiares e conjugais. Nesse momento, Deus tocou em meu coração para eu começar a falar e transbordar o pouco que sabia para outras vidas e famílias. Foi então que recebi o convite de uma amiga para a minha primeira *live*. Fiquei aflita em aceitar, falar ao vivo e direto ao público, me dava calafrios, mas aceitei! E foi lindo!

Ali, naquele momento, destravei, mas ainda com dificuldade em gravar vídeos e *stories* nas redes sociais, medo dos julgamentos e dos meus erros de português, era o perfeccionismo gritando mais alto em minha mente. Meu marido me dizia que eu falava muito a palavra "né". Gravava e apagava. Mas após trabalhar diariamente os exercícios rotineiros de crenças fortalecedoras do CIS, tive a coragem e comecei a gravar, do meu jeito mesmo, errando e acertando. E deste modo, comecei a me conectar com o meu público e a crescer em minhas redes sociais. Falava o que Deus colocava em meu coração!

Foram 2 anos em *home office* pela empresa, com as crianças em "*homescholling*", cuidando da casa e atuando em dois trabalhos (CLT e os atendimentos de *coaching*). Posso assegurar que não foi nada fácil. Eu só continuei nesta caminhada porque Deus estava ao meu lado, me dando forças e os sinais de que eu estava no caminho certo. Fazia o meu ciclo de *coaching* quinzenal com o meu *coach*, praticando todos os exercicios rotineiros e os pontuais e também repeti o Método CIS como aluna em agosto de 2021, muitas novas curas e decisões naqueles 4 dias de curso. Então, após retornar para casa, conversei com o meu esposo e disse que não suportava mais, que eu deveria abrir mão do meu trabalho na empresa e viver daquele chamado que Deus colocou em minha vida e que me trazia prazer e felicidade plena. A princípio meu marido disse que ainda não era o momento de me desligar do trabalho, me frustrei e chorei muito. Porém oramos, conversamos muito novamente e após alguns dias, liguei no RH da empresa para saber dos pacotes de demissão voluntária e, finalmente, colocamos uma data! No dia 31/12/2021 pediria o meu encerramento de contrato.

Meu marido me apoiou! Deus é fiel! Que alegria! Era tudo o que eu vinha pedindo a Deus: o apoio do Fábio para essa decisão tão importante para a minha vida e a de minha família. E graças a Deus, às minhas orações e à minha fé, deu tudo certo! Fui desligada da empresa no dia 07/01/2022, com muita honra, gratidão, compreensão por parte da liderança e recebi um pacote de 6 meses para assegurar a saúde da minha família. Deus novamente me surpreendendo! Ali eu comecei uma nova história e um novo capítulo da minha vida profissional.

E você, deseja fazer uma transição de carreira? Não está feliz no que trabalha hoje? Ou apenas deseja desenvolver um projeto adicional em sua vida? Eu estou aqui para te ajudar. Assim como eu, você pode e é capaz de trabalhar com o que gosta e tem habilidades pra isso. Mas através da minha história e dos caminhos percorridos por mim, nestes quase 3 anos de planejamento e execução, quero te encorajar e, neste capítulo, trabalhar com você chaves poderosas de sucesso para te preparar para uma transição de carreira bem sucedida.

Comece a reprogramar crenças limitantes

Por muito tempo eu vivi aquém de quem eu poderia ser e de quem Deus me fez para ser. E não somente na área profissional, mas na conjugal, maternal, saúde e muitas outras. E de verdade, eu nem acreditava que pudesse existir a Deni que eu me tornei hoje.

Mas afinal, o que são crenças? É toda programação mental (sinapses neurais) adquirida como aprendizado durante toda a vida e que determina os comportamentos, as atitudes, os resultados, as conquistas e a qualidade de vida de um indivíduo, ou seja, as verdades, as maiores certezas e convicções que a pessoa tem sobre si e sobre o mundo. *(Fonte: Febracis)*

Trabalhar as minhas crenças limitantes, principalmente a minha verdadeira IDENTIDADE, que é a imagem e semelhança do Criador me fez superar muitas limitações, mudei os meus ambientes, relacionamentos, eliminei medos, traumas e inseguranças que com toda a certeza me trouxeram melhores resultados e um novo estilo de vida.

Tudo isso contribuiu também para me libertar de verdades que foram impostas a mim, mas que não me pertenciam. Uma delas, por exemplo, que eu era uma boa ouvinte, e por ser apenas ouvinte, eu não me permitia falar, sempre me colocava como tímida e ficava mais quieta. Hoje atuo como palestrante e ministro cursos, sem me preocupar com os julgamentos alheios, a necessidade de aprovação e com muita autoconfiança, driblo quaisquer impedimentos de falar em público.

Aqui já deixo um primeiro exercício a você: olhe no espelho e repita: “Eu sou inteligente! Eu sou corajoso(a)! Eu sou capaz!” Todos os dias faça afirmações positivas de quem você é para resgatar a sua verdadeira identidade. Acredite em você!

Tenha clareza e visão positiva de futuro

Saber aonde você quer chegar, o que você irá realizar e quando tudo irá acontecer faz com que o nosso cérebro transforme a visão em objetivos e o objetivo gera ações que nos levam a traçar metas neurologicamente corretas e assertivas.

Assim como no trabalho, em nossa vida pessoal também devemos ter metas e objetivos claros, um plano de ação com o passo a passo do que é preciso executar. Quando você fecha os olhos, tem essa visão da sua vida, daqui há 5, 10 ou 15 anos? Aonde quer estar, quem estará ao seu lado e como estará vivendo? Se não tem, está na hora de transformar os seus sonhos em metas e objetivos claros, porque quem não sabe aonde quer chegar, qualquer caminho serve!

Planejamento e plano de ação

Eu não precisava estar totalmente pronta para começar com a minha nova carreira, mas precisava começar a produzir, ou seja, trabalhar o plano B para que no momento certo, ele se tornasse o meu plano A.

Foram muitos meses de cursos, formações, palestras e atendimentos de *coaching* para atrair clientes e começar a crescer como *coach*. Tudo com muito foco, disciplina e principalmente prática (ação), pois nada adianta estudar e adquirir novos conhecimentos, se não agirmos e dar os primeiros passos.

Tenha a certeza que com planejamento, um plano de ação bem estruturado e detalhado, você conseguirá completar cada etapa do processo. Por isso, treine até se tornar! Não tem a segurança para criar um plano de ação sozinho? Peça ajuda! Contrate um especialista.

Alinhamento conjugal

Uma das grandes chaves para a minha prosperidade (e não estou falando de prosperidade financeira e sim familiar) foi quando eu e meu esposo começamos a caminhar em unidade, ou seja, ambos estarmos na mesma direção, frequência e propósito. O apoio e o amor dele foi fundamental para que tudo ocorresse no tempo certo e trouxe muita paz e harmonia para dentro do nosso casamento. Como está escrito em Provérbios: “A mulher sábia edifica a sua casa”.

Por isso, se ame, se valorize e se posicione como esposa, com muita sabedoria. Outra grande chave que trabalhei em minha vida, a minha autoimagem; em primeiro lugar eu preciso me amar e cuidar da minha saúde física, emocional e espiritual, dessa forma eu ganhei respeito e, como consequência, me trouxe maior equilíbrio para atravessar os desafios diários da minha vida e para efetuar a minha transição de carreira.

Aconteceu! Essa é a minha história. E hoje, com 47 anos de vida, posso garantir que sou uma mulher muito mais feliz, realizada, amada e com um coração ardente para cumprir o meu chamado aqui neste mundo, que é despertar outras vidas para acreditarem que podem sim, encontrar equilíbrio e tempo, no trabalho e na vida pessoal, desfrutando o melhor de Deus aqui neste mundo.

Deus é tão maravilhoso, perfeito e, como tudo acontece no tempo dEle e não no nosso, em maio deste ano de 2022 meu marido aceitou uma proposta de trabalho para trabalhar no estado do Tocantins e agora poderei levar o meu trabalho de *coaching* para outra região. Estamos de mudança e em breve estaremos todos juntos novamente, já que ele hoje está fazendo um esforço extra, morando sozinho, por enquanto, e vindo nos visitar a cada 2 meses.

Mas tudo nesta vida tem um preço, e sem esforços, disciplina, foco, fé, jejum e muita doação, nada acontece, nada é fácil e o único lugar que o trabalho vem antes do sucesso é no dicionário. Por isso, seguimos com muita coragem e força para fazer o que tem que ser feito hoje, porque a garantia da colheita é certa! Eu creio!

“Todos os dias faça afirmações positivas de quem você é para resgatar a sua verdadeira identidade. Acredite em você!”

Deni Bento

Aline Salles

Sou Aline Salles, *Professional & Self Coaching*, analista comportamental e leader *coach*, certificada pelo Instituto Brasileiro de *Coaching* (IBC). Possuo MBA em *Marketing* pela Faculdade Devry, tenho bacharelado e licenciatura em Educação Física pela Universidade Salgado de Oliveira. Sou empresária, gestora, mentora e *coach*.

Trabalhei 16 anos no grupo Via Varejo como gestora, onde construí uma linda trajetória de sucesso com resultados de alta performance, desenvolvimento humano e deixei um legado extraordinário. Especialista há 18 anos em liderança de alto impacto, desenvolvimento humano e capacitação de equipes.

Muito grata a Deus, apaixonada pela família e pelo desenvolvimento do ser humano em busca do seu propósito.

alinesallesoficial

22 98828.6683

alinesalles10@gmail.com

MINDSET DE AÇÃO

Por Aline Salles

Passei 16 anos em uma das maiores empresas do varejo, no cargo de gestão, sempre na busca de entregar resultados extraordinários e desenvolvendo pessoas para que conhecessem o melhor de si. Nessa trajetória, precisei mudar o rumo do barco muitas vezes para compor minha história de sucesso. Para isso, direcionei e alterei meu "*mindset*" para obter os melhores resultados.

Quantas vezes passei por situações que acreditei que não iria conseguir? No processo, claro, não temos só flores. Pelo contrário, temos alguns obstáculos, mas são eles que vão nos dando aprendizado para atingirmos os objetivos com melhor performance. Então, cada vez que acreditamos no nosso melhor e vemos esses objetivos se concretizando, isso nos dá mais força para continuar e nunca parar.

Inclusive, quando decidi que era a hora de fazer a transição de carreira e viver para fazer a diferença e a transformação na vida das pessoas, conversei com o meu chefe sobre minha eterna gratidão à empresa, mas, que meu ciclo precisava terminar ali para que eu abrisse um novo. Ele foi muito atencioso e cuidadoso, disse que por ele não abriria mão de mim, pelo resultado que eu apresentava; porém, sabia do meu talento e da minha competência para enfrentar o novo desafio. Me deu um tempo para ter a certeza de que esse era o meu real desejo.

Eu já tinha feito todo um estudo de mercado e, com muita certeza, sabia que era o que deveria ser feito. Comecei pelo meu próprio negócio e, sempre em busca de novos conhecimentos e aperfeiçoamento, fiz a formação em profissional e self *coach*. O processo de transformação foi tão grande dentro de mim nessa formação, que ali, tive a certeza de qual era minha missão: desenvolver a vontade e o acreditar do ser humano, de que ele é capaz de ser o que ele quiser ser, ou, realizar o que quiser realizar.

Quantas pessoas hoje se encontram em um ambiente triste, desanimador e até sem futuro? Mas, sonham com algo novo e não tem a coragem de sair dessa zona de conforto ou desse cenário e ir em busca da felicidade.

Muitas das vezes, queremos percorrer um caminho mas não sabemos aonde queremos chegar ou qual é o nosso objetivo real. Sonhamos com algo maravilhoso, mas achamos que não somos capazes de realizar tal objetivo e, com isso, perdemos muito tempo fazendo coisas que nos deixam infelizes e que não trazem um retorno financeiro que gostaríamos.

Há quanto tempo você está num trabalho que não gostaria de estar? Que está infeliz nessa posição? Ou gostaria até de continuar na mesma empresa, em outros cargos, mas tem medo de arriscar? Você já parou para pensar que isso está totalmente voltado para a sua forma de pensar? E mais ainda, de colocar em ação aquilo que gostaria que fosse feito?

Deixamos diversas oportunidades passarem porque pensamos que não somos capazes, que não vamos conseguir entregar a demanda ou outras pessoas fazem melhor do que nós. Nisso, assistimos grandes histórias de sucesso, mas nunca estamos inseridas nelas, sempre enxergando os obstáculos, nos levando à frustração e alimentando a tristeza e sensação de fracasso.

Somos aquilo que melhor desejamos ser, construindo os melhores pensamentos para o que queremos fazer.

Segundo a psicóloga americana Carol S. Dweck, umas das maiores especialistas em psicologia do desenvolvimento do mundo, o sucesso não está vinculado a um talento ou habilidade, mas sim, a forma que se encara a vida e o resultado de ação que aplica a ela. Chamado também de *mindset*, que nada mais é que "mentalidade" ou "modelo mental".

Todos nós temos os dois tipos de *mindset*: **o fixo e o de crescimento**. Dependendo dos nossos valores, conjuntos de ideias, crenças e formas que vivemos na infância, define-se o *mindset* predominante em nossas vivências. Mas isso não dita que você não possa o mudar, muito pelo contrário.

No *mindset* fixo, é muito comum apresentar um comportamento voltado para a vaidade, acreditando que algumas pessoas nascem com habilidades inatas e inteligência para vencer e outras pessoas, sem habilidades e destinadas ao fracasso. Que ninguém é passível de melhoria. Um obstáculo, por exemplo, pode ser um fracasso que marque o resto de sua vida.

Já o *mindset* de crescimento sempre vê uma oportunidade, mesmo em um cenário negativo. Um obstáculo é uma oportunidade de agregar aprendizado para uma performance elevada. Não desistir durante os processos com dificuldades, mas sim, apostando em treinamentos, autoconhecimento e superação pode-se obter ou chegar ao sucesso.

Do mesmo modo que o *mindset* pode ser construído, ele também pode ser alterado direcionando o modelo mental. Em seu livro *Mindset*, Carol S. Dweck não os classifica como certo ou errado, portanto, ela nos explica que o *mindset* de crescimento nos dá mais oportunidades de êxito em qualquer área da vida.

Com isso, o que falta para startar o *mindset* de ação na sua carreira? Sabe aquele grande sonho de abrir a sua própria empresa? Ou de se tornar aquele profissional que sempre sonhou? Ou, talvez, almejar aquele cargo que você sempre quis, mas tem medo?

Contando um pouco mais da minha história para você, meu primeiro *mindset* de ação aconteceu quando eu ainda era vendedora nessa empresa do varejo. Minha filha Mariana, de 5 anos, me pediu um cachorro-quente numa barraquinha que ficava em frente à nossa casa, custava R$ 1,50 na época, mas eu não tinha; então, ela chorava de um lado do ombro, no meu colo, e eu do outro lado com o rosto virado para que ela não visse. Eu passei a madrugada toda acordada pensando que nunca mais queria passar por aquilo e queria o melhor para ela.

Assim que cheguei na loja no dia seguinte, conversei com a minha gerente que eu queria ser promovida à gerente também e ela como um balde de água fria, falou para eu esquecer, pois não tinha o "perfil". Mandei, então, um e-mail ao meu gerente regional pedindo para que me desse apenas uma oportunidade, afinal, eu tinha bons resultados. Estava me formando na primeira faculdade com 23 anos e aceitaria um emprego mesmo que fosse na pior loja, eu só queria mostrar que eu era capaz, então assim, eles poderiam me avaliar. Ele gostou muito da iniciativa e disse que iria pensar.

Em algumas semanas, ele me convidou a visitar algumas lojas para acompanhar o trabalho de outros gerentes e conhecer como era a rotina gerencial. Aproveitei aquilo como uma oportunidade única. Logo, eu estava cobrindo férias. Depois de dois anos, meu chefe me trouxe a notícia que não conseguiria me promover, porque não teria a vaga e eu precisava voltar para o setor de vendas. Mesmo muito triste, eu voltei; lembro do sentimento de fracasso e de que não deu certo. Mas, isso só nos primeiros dias, em seguida ergui minha cabeça e comecei a acreditar que algo de muito bom iria acontecer e eu não poderia me abater.

Para a minha surpresa, assim aconteceu, em duas semanas. Foi criado na empresa o primeiro esquadrão feminino de vendas (uma espécie de suporte para as lojas), então fui convidada com mais duas colegas de trabalho; desempenhamos um trabalho brilhante e fomos para a segunda loja, onde iria ser inaugurada. No segundo dia nesta loja, a gerente do RH ligou para o meu regional e na minha frente, ele disse: "Meu Deus, nem acredito! Você quer falar ou eu falo?" Ele passou o telefone para mim e ela me disse, muito emocionada: "Conseguimos! Sua vaga foi autorizada, você é a mais nova gerente comercial da Regional".

Foi um misto de emoções, um filme passou na minha cabeça, desde o dia do cachorro-quente. E aí, não parei mais. O meu regional do e-mail, lembram dele? Me mandou um cartão de Natal naquele mesmo ano, dizendo: "Você queria uma oportunidade, seu sonho foi realizado e você soube aproveitar. Parabéns! Muito orgulhoso". Fui gerente de quase todas as lojas da regional e tive resultados maravilhosos. Assim, houve a fusão de duas grandes marcas do varejo e fui uma das gerentes escolhidas para, nesse primeiro momento, implantar a marca no Nordeste, começando lá do zero. Que desafio! Mas, eu aceitei.

Cheguei em uma terra maravilhosa e com um povo muito abençoado. Com 10 dias, eu tinha batido o melhor resultado em nível Brasil. Contribuí na criação do novo depósito regional, abrimos 22 lojas, fui gerente tutora e formei mais de 15 gestores no projeto "Líderes do Futuro". Fui 7 vezes um dos melhores resultados do Brasil por cada equipe e filial que eu passei. Cheguei, consegui! Sensação de dever cumprido!

Lembram da história do cachorro-quente? Contei para todas as equipes que tive e virou o meu caso de sucesso, pois, se não fosse aquele episódio eu não teria chegado aonde eu cheguei. Minha filha Mariana está com 17 anos e ainda gosta muito de cachorro-quente (risos)! Vai para faculdade ano que vem. Graças a Deus, meus pais Jorge e Leila, que tanto me ajudaram nessa trajetória, a vontade de vencer e não desistir nos obstáculos, deu tudo certo!

Primeiramente, dedique-se ao autoconhecimento, entendendo melhor a sua forma de ser e agir, assim como o seu modelo mental. Crie metas e objetivos e planeje como fazer para alcançar os mesmos. Leia mais e busque conhecimento sobre o negócio, cargo ou carreira que deseja. Entenda como será o processo, como funciona e as manobras que precisará desempenhar. Aproxime-se de pessoas que já fazem isso que você tanto almeja, converse, troque idéias, peça para que lhe contem suas histórias, seus inícios e suas trajetórias. Busque dicas, mentorias e até conselhos, se necessário. Conheça o mercado que você quer atuar para saber as possibilidades de assertividade no mesmo. Foque muito nos pensamentos e aspectos positivos.

Pare agora e faça a seguinte pergunta: o que eu faço é o que me faz feliz? É o que eu gostaria de estar fazendo? Se a resposta for "não", o que estamos esperando? Escreva aqui uma data para você colocar suas ideias num papel e ver se o seu sonho é possível.

Me conta como foi esse dia para você. Estou te esperando no Whatsapp. Terei o maior carinho em te ouvir e assim, te responder. Tenha coragem! Todos somos capazes de obter resultados mais extraordinários se nos comprometermos e nos dedicarmos àquilo que sonhamos.

Beijo no coração e sucesso!

“Somos aquilo que melhor desejamos ser, construindo os melhores pensamentos para o que queremos fazer.”

Aline Salles

Filipe Fernandes

Sou Filipe Roberto Almeida Fernandes, engenheiro, *master coach* para executivos e carreira e treinador. Tenho MBA em Gestão de Pessoas pela PUCRS e sou graduado em Engenharia pelo Centro Universitário da FEI.

Em desenvolvimento humano sou *master coach* pelo Instituto BCC, *Coach* Integral Sistêmico e *coach* de carreiras pela FEBRACIS; Professional Executive *Coach* pela SLAC e analista comportamental.

Criador dos programas: *Resultado Cura* e *Seja Vencedor na Recolocação*. Atuo com *coaching* individual, consultoria de carreira e mentoria.

Especializado em ajudar profissionais a crescerem em suas carreiras mais rapidamente, alcançando a prosperidade com equilíbrio.

soufilipefernandes

soufilipefernandes

11 99643.2268

ff.performanceexponencial@gmail.com

RECOLOCAÇÃO:
COMO SE PREPARAR

Por Filipe Fernandes

"Acredito que todos estamos sempre querendo crescer em nossas carreiras". Essa é a frase que mais escuto em entrevistas e por clientes de *coaching* e consultoria de carreira. Mas será que realmente as pessoas querem crescer profissionalmente ou é só da boca para fora e a zona de conforto as prende em sua posição atual?

Para sairmos da zona de conforto, é necessário sempre estarmos buscando autoconhecimento, desenvolvimento e termos metas bem definidas e congruentes com nossos valores pessoais. Porém, ao longo de entrevistas que realizo com profissionais todos os dias e através de diversos relatos de clientes, tenho notado que grande parte dos profissionais estão cada vez menos dispostos a sair de suas zonas de conforto.

O encerramento e início de ciclos profissionais são momentos que evitamos ao longo de nossas carreiras porque encaramos de frente nossos medos e bloqueios emocionais. Para superá-los, precisamos de coragem, autoconhecimento e dedicação. O problema fica ainda maior quando esse encerramento de ciclo não acontece por opção do profissional e sim, por opção da empresa. Este desligamento pode gerar traumas e frustrações que precisam ser ressignificados.

Vejo muitos profissionais perdendo tempo somente se candidatando para vagas de emprego e querendo alto nível de resultados. No passado, isso até já funcionou, mas hoje em dia o mercado está muito competitivo e as ferramentas de recrutamento e seleção estão cada vez avançando mais para maior assertividade dos processos seletivos. Também observo muitos profissionais passando a maior parte do tempo reclamando por estarem desempregados ou pela situação econômica do país. Outros profissionais optam por culpar a empresa ou a chefia anterior pelo ocorrido, ao invés de adotar uma postura autorresponsável e viver com ações massivas no presente.

Um currículo malfeito e a falta de uma estratégia bem definida pode te levar a esperar 11 meses por sua recolocação.

Quem já passou por uma recolocação profissional sabe exatamente a mistura de sentimentos que esse momento gera. É um mix entre ansiedade, insegurança, expectativa e medo. A ansiedade vem por querermos antecipar nossa recolocação mais rapidamente e não sabemos como. Já a insegurança aparece por não sabermos como estamos sendo julgados pelo recrutador e essa insegurança aumenta ainda mais quando chega mais próximo do dia da entrevista de emprego, onde vamos ser avaliados por uma pessoa que tem o poder de nos aprovar ou reprovar. Mas será que estamos preparados para essa rejeição?

Os profissionais têm buscado suas recolocações profissionais de duas formas: através de consultorias de recolocação ou por conta própria. Meu objetivo é que você aplique todo o processo que vou destacar daqui em diante para que eu te ajude a acelerar o seu processo de recolocação, assim como de diversos clientes que conquistaram suas recolocações rapidamente.

Antes de começarmos as ações práticas que você deve fazer, trago como o principal fator para uma recolocação de sucesso: a autoconfiança. Ela é adquirida quando você consegue entender a sua essência, seus valores e suas características positivas. Para redescobrir com maior exatidão, recomendo você sair de dentro da situação que está vivendo e começar a relembrar tudo que você tem de positivo. Anote em uma folha de papel no mínimo 40 características que você se lembrou agora. Pare para pensar nos *feedbacks* positivos que já recebeu, em elogios de familiares e amigos.

Chegou a hora de elencar todas as suas habilidades, tudo que você sabe fazer, tudo que você já fez em empresas anteriores e elenque também suas conquistas contendo todos os resultados que você já atingiu. Liste também suas competências técnicas e comportamentais. Caso ainda não saiba quais são elas, faça um teste de perfil comportamental.

Defina agora quais são suas metas profissionais, entendendo em qual área e cargo querem ocupar para avaliar as possíveis descrições de vagas no mercado. Esteja sempre aberto a diferentes possibilidades para alcançar seu objetivo. Avalie também se você tem disponibilidade de mudança para uma outra cidade ou estado. Avalie as competências técnicas e comportamentais que você acredita serem necessárias para este cargo que está buscando.

Estabeleça uma frequência de dias e horários para buscar novas vagas e de abordagem de pessoas, via LinkedIn. Crie uma disciplina com gratificação, caso cumpra a frequência estabelecida e uma punição, caso não cumpra.

O erro de muitos profissionais é ir direto para a atualização do currículo, sem levar em consideração o seu momento atual financeiro. Para isso, avalie todos os seus custos mensais e caso esteja desempregado, avalie quais gastos poderão ser cortados. Se estiver empregado, avalie o custo médio mensal e prepare uma reserva financeira.

Agora sim, você pode começar a elaborar seu currículo. Para elaborar um com perfeição, evite frases clichê para qualquer coisa que for escrever. Ele deve seguir o seguinte formato:

- Nome;
- Telefone, e-mail, bairro, cidade e estado;
- Objetivo profissional;
- Logo do LinkedIn, adicione hiperlink na imagem da logo LinkedIn;
- Faça um breve resumo das suas qualificações: comece pelo seu tempo de experiência e grandes enfoques técnicos; depois adicione projetos de grande impacto que teve participação e principais resultados que atingiu; na sequência, adicione seus *soft skills* (habilidades comportamentais) e finalize com suas conquistas acadêmicas. Esse resumo não deverá passar de 12 linhas;
- Adicione toda a sua trajetória profissional da mais recente para a mais antiga, adicionando o nome da empresa, cargo ocupado e período (mês/ano); descreva as atividades e, principalmente, os resultados obtidos;
- Formação acadêmica, também, da mais recente para a mais antiga incluindo nome do curso, instituição e ano de formação.
- Informática: destaque os programas que conhece e o seu nível de habilidade;
- Idiomas: destaque o idioma e sua proficiência;
- Adicione outras informações como intercâmbio, voluntariado ou participação em eventos.

Trabalhe fortemente neste momento em seu *marketing* pessoal, valorize tudo de bom que você já fez em sua carreira e lembre-se que o seu currículo é uma carta de vendas e não um apanhado de atividades realizadas. Traga resultados percentuais ou ganho em tempo de execução.

Nos dias de hoje, há 3 maneiras de buscar vagas: Google Empregos, Indeed e LinkedIn. Os dois metabuscadores: Google Empregos e Indeed são realmente eficazes, pois eles buscam vagas em diversos *sites* e alocam tudo em um só lugar.

A forma mais eficaz que eu tenho observado para todos os meus clientes é através do LinkedIn, a rede social mais procurada para quem quer recolocação profissional. O objetivo desta rede é gerar relacionamentos e conexões utilizando como base a teoria do *networking* balizada em 3 apertos de mãos. O primeiro aperto de mão é sua conexão de primeiro grau, pessoas que você tem contato e tem em sua rede. Estas pessoas terão amigos que você não tem na rede, estes amigos desta pessoa são suas conexões de segundo grau, ou o seu segundo aperto de mãos. Por sua vez, estas pessoas que são amigas do seu amigo, também têm amigos que não são amigos dele e elas serão suas conexões de terceiro grau, ou seja, seu terceiro aperto de mãos. E por fim, as pessoas seriam o seu quarto grau de relacionamento ou o seu quarto aperto de mão, não existem na rede para você.

Hoje, 81% das vagas disponíveis no mercado brasileiro estão no LinkedIn, portanto, você precisa estar com sua rede atualizada e expandida. A primeira tarefa é atualizar seu currículo dentro do seu LinkedIn, este passo a passo pode ser um pouco demorado. A segunda tarefa é se conectar com o máximo de pessoas por semana que a plataforma permitir. O que realmente fará a diferença é você se aplicar para todas as vagas (simplificadas e normais) e você enviar mensagens diretas para recrutadores e para gestores com o intuito de estreitar o relacionamento e aumentar suas chances de ser convidado para uma entrevista de emprego.

Após aplicado para as vagas e seu telefone tocar, chegou o momento de realizar a sua entrevista com perfeição. Para isso, primeiramente, entenda sua história e escreva no papel seu *storytelling*, conte essa história no mínimo 10 vezes para você mesmo no espelho e posteriormente tente contar essa história para algum familiar que more em conjunto com você.

Prepare-se para perguntas. Para aumentar a sua eficácia, recomendo você entrar no *site* da empresa antes da entrevista, entender seus valores, princípios e a mecânica do negócio. Entendendo principalmente esses pontos, você pode fazer uma relação com os seus. Seja verdadeiro, conte sua história da forma mais firme possível e expulse o nervosismo. Para retirar esse nervosismo, antes de ir para a entrevista, se possível, tome banho natural, grite e dê muita risada antes de entrar na empresa para trazer muito mais confiança pra você.

Muitos profissionais que passam por consultoria de carreira comigo, ou até mesmo por um processo de outplacement, atingem resultados muito rápidos de recolocação exatamente por aplicar todas estas técnicas que te expliquei até agora.

Quem está preparado para encerramentos e começos de ciclos? Quem está preparado para lidar com a rejeição? Quem está preparado para ser ignorado? Ninguém nasce preparado para isso. O que desenvolvemos são competências emocionais e fortalecemos a nossa identidade, este é o principal fator que irá garantir a sua recolocação de forma muito mais rápida: reestabelecer a sua identidade.

Sabendo agora todas estas ferramentas e todo este passo a passo para você conseguir acelerar a sua recolocação profissional, o que você vai fazer agora para não esquecer destes ensinamentos? Liste, sequencialmente, todas as atividades que você irá agir a partir de agora e coloque um prazo para cada uma delas. Tenho certeza de que com estes ensinamentos você irá acelerar sua recolocação profissional. Estou disponível para esclarecer dúvidas e dar suporte através dos contatos do início deste capítulo.

“Valorize tudo de bom que você já fez em sua carreira e lembre-se que o seu currículo é uma carta de vendas e não um apanhado de atividades realizadas”

Filipe Fernandes

Edson Terra

Sou Edson Terra, *headhunter, job hunter*, mentor de Carreira, formado em Administração de Empresas, especialista em gestão comportamental, com certificação internacional pela instituição People Keys (EUA) e analista comportamental Disc.

Tenho histórico de 35 anos de experiência profissional, 23 destes dedicados à consultoria e mentoria de empresas nacionais e internacionais.

Durante a construção da minha trajetória, atuei como executivo de contas de multinacionais, consultor do SEBRAE e professor do IFRS (Instituto Federal de Ciência e Tecnologia do Rio Grande do Sul).

Atrair, treinar, desenvolver os melhores talentos e conduzir profissionais a uma carreira com propósito, essa é a minha missão.

edsonterracoach

Edson Terra Coach

51 99183.2101

edsonterra.com.br

JOB HUNTER E HEADHUNTER: QUAL A IMPORTÂNCIA DELES EM UMA TRANSIÇÃO DE CARREIRA?

Por Edson Terra

Quando iniciei minha trajetória profissional em 1986, não imaginei que faria cinco transições de carreira, pois a geração X que faço parte e a anterior, os *babyboomers* (nascidos entre 1940 e 1960), sempre tiveram ciclos de mudança maiores onde profissionais, muitas vezes, construíram sua vida profissional em ciclos mais longos, em apenas uma empresa ou atividade profissional.

Já no mercado de trabalho atual, onde diversas gerações têm a oportunidade de trabalhar juntas mas com diferenças gritantes entre as suas motivações e necessidades, o ciclo de mudança diminuiu drasticamente. Fruto das exigências das novas gerações Y e Z, que buscam muito mais do que apenas a questão financeira, mas sim, o equilíbrio entre a vida profissional e pessoal.

Isso fez com que as transições de carreira fossem mais comuns, motivadas pelo número de novas profissões que vêm surgindo nos últimos 15 anos e as novas, que deverão surgir com o avanço da tecnologia e inteligência artificial...Vejo isso com naturalidade e de forma positiva, pois dá a oportunidade para que profissionais que não fizeram a escolha certa da profissão ou que estavam em uma carreira que não eram felizes, começarem novamente, a qualquer tempo.

Neste capítulo, farei uma abordagem de elementos que contribuem diretamente para que profissionais façam uma transição de carreira de forma assertiva e tenham visibilidade em sua nova jornada profissional de sucesso.

Na minha atuação diária como profissional contratado para buscar os melhores talentos (*headhunter*) ou para ajudar profissionais a melhorar a visibilidade no mercado de trabalho (*jobhunter*), observei que existem três tipos de transições que impactam quando o profissional decide fazer uma transição de carreira:

A primeira transição é por necessidade, a segunda por impulso e a terceira por oportunidade.

A transição por *necessidade* geralmente ocorre quando o profissional, em um momento da sua trajetória, foi demitido ou teve um algum percalço, que fez com que ele tivesse que mudar de carreira sem a preparação necessária. Isso ocorreu comigo em 1991, na minha primeira transição, depois de trabalhar dos 13 aos 18 anos em uma indústria como operário do setor de calçados, onde fui demitido. Essa transição, aos 18 anos de idade, me fez tomar um choque de realidade, indo depois disso atuar no comércio, sem conhecimento nenhum, na atividade de consultor de vendas. A necessidade me fez entender a importância de uma adaptação rápida, que com o passar do tempo me levou à paixão por trabalhar com pessoas e iniciar uma trajetória de sucesso na área do varejo, onde atuei por 8 anos.

Em 1999, depois de atuar na área comercial do varejo como consultor, realizei uma transição por *impulso*. Ela ocorre quando o profissional se deslumbra com uma nova carreira em função dos fatores financeiros ou visibilidade profissional, sem avaliar se está preparado e tem as habilidades técnicas e comportamentais para essa mudança. Foi o que aconteceu quando recebi o convite da minha cunhada na época, a Maria Luiza, para ser seu sócio em uma empresa do mercado de seguros. Ela sempre foi uma profissional que, inconscientemente, eu modelava, em função da condição financeira e *glamour* da atividade, quando ela atuava numa grande empresa de seguros.

O impulso motivado pela mudança de *status* de colaborador para empresário me fez pedir demissão e iniciar a minha jornada como empresário, sem qualquer preparo técnico ou conhecimento no mercado em que fui atuar. Levei aproximadamente dois anos para fazer dinheiro na mesma proporção que fazia como consultor de vendas. Essa transição me trouxe diversos aprendizados que levarei durante a minha vida e gratidão a Maria

Luiza que viu em mim talentos que eu utilizei para empreender em outras atividades e para ajudar outros profissionais no meu dia a dia.

Em 2018, depois de atuar no mercado de seguros como empresário por 19 anos e ter passado por transições que me deram maturidade, realizei uma transição de carreira por *oportunidade*. Essa transição ocorreu quando o meu coração, meu propósito e meus valores estavam alinhados na direção da carreira de *headhunter* e *job hunter*. Isso veio naturalmente depois de fazer trabalhos voluntários por 17 anos em escolas onde eu estudei, fazendo palestras sobre o mercado de trabalho, em parceria com uma grande entidade global de educação empreendedora.

Percebi ao longo do tempo que eu estava realizando o trabalho voluntário que eu tinha um prazer incomum e que as pequenas ações geravam grandes transformações nos alunos. Foi então que o chamado do meu coração me levou a fazer a transição e, dessa vez, por oportunidade. Busquei entender o mercado de forma detalhada, avaliei as possibilidades de atuação, me preparei tecnicamente, então, o equilíbrio entre as questões financeiras, meu propósito de vida e os meus valores me conduziram à minha carreira atual.

Quem são os *job hunters* e os *headhunters*?

Talvez você tenha se enxergado em uma dessas transições ou tenha tido experiências diferentes, mas para que você tenha assertividade em suas escolhas no momento de uma transição, existem profissionais que podem te ajudar nesse processo, como os *job hunters* e *headhunters*. Eles têm grande relevância na hora de uma transição e certamente teriam encurtado o tempo da minha busca e alavancado minha carreira mais rapidamente. Agora, quero compartilhar para que você que está lendo esse livro, possa se beneficiar.

Quando falamos de *job hunter*, alguns podem achar estranho a nomenclatura da profissão, mas antes de apresentar a importância dela, vou abrasileirar o termo. Em sua tradução, significa "*caçador de trabalho*". Este é um profissional que auxilia profissionais que estão em busca de um novo emprego/trabalho, na seleção de vagas/oportunidades ou posições alinhadas a uma estratégia de carreira e competências de quem o contratou.

A maioria desses profissionais tem uma formação em *coaching* ou atuam como mentores de carreira, geralmente tem um histórico profissional que os condiciona e lhes dão o *nohall* necessário para atuar na função, e por isso, tem uma importância primordial para uma transição de carreira de sucesso.

Mas, porque contratar um?

Contratar um desses profissionais faz toda a diferença para sua carreira, principalmente se a sua transição for por oportunidade. Com o suporte e acompanhamento de um *job hunter*, você terá um profissional qualificado que trabalhará com uma linha de atuação muito mais abrangente.

O processo de transição não se resume a uma simples distribuição de currículos e pedido de indicação a conhecidos. Por entender o mercado de atuação do cliente, o *job hunter* começará identificando forças e fraquezas para planejar a melhor forma de o candidato se mostrar ao mercado. Os pontos fortes precisam ganhar destaque, enquanto os fracos devem atenuados, além disso, ele trabalha pontos fundamentais para o sucesso do profissional que está em transição, como:

1. Estudo do mercado de atuação e construção de rede de contatos na área do cliente;

2. Elaborar o currículo e sugerir a criação de perfil nas redes sociais profissionais, como: Linkedin e Peixe 30;

3. Captar vagas junto à empresas, *headhunters*, sites especializados e consultorias para indicar ao cliente;

4. Monitorar canais que tenham oportunidades de emprego ou trabalho de acordo com os objetivos traçados pelo cliente;

5. Indicar cursos de qualificação ou processos de *coaching* para desenvolvimento de soft skills (habilidades comportamentais), caso não seja uma das especializações do profissional;

6. Dar suporte e acompanhar o processo de transição do cliente.

Após o posicionamento e acompanhamento realizado por um *job hunter*, aparece a figura do *headhunter*.

O *headhunter* tem um papel diferente em um processo de transição, pois, quando ele aparece na jornada do profissional, é para apresentar alguma oportunidade; as chances disso ocorrer são maiores quando o profissional contou com orientação do *job hunter* no processo de transição.

O termo *headhunter* significa "caçador de cabeças", este profissional nada mais é do que um caçador de talentos. Diferente de um recrutador, que tem como uma das principais funções a busca por profissionais em anúncio de vagas e captação de currículos, ele atua de forma estratégica e ativa na busca do profissional com o perfil técnico e comportamental traçado pela empresa, utilizando-se de um profundo estudo e conhecimento de mercado, bem como aproveitando-se de sua ampla rede de relacionamento.

Um bom *headhunter* utiliza as suas habilidades de comunicação e negociação para convencer os profissionais encontrados a aceitarem as vagas e os desafios que as empresas o contrataram para fazer.

Um dado importante que gostaria de compartilhar, é que na minha atividade como *headhunter*, em 95% dos casos, os profissionais que encontrei com o perfil adequado para as vagas, estavam empregados. Isso reforça a necessidade de manter um posicionamento profissional adequado à sua atividade e sempre buscar qualificação constante para atender às demandas do mercado atual. Se um *headhunter* te encontrou, é porque você está no caminho certo.

Espero que este capítulo tenha te dado clareza no seu processo de transição de carreira e, fundamentalmente, que você entenda que a carreira é uma responsabilidade sua e não deve ser transferida para terceiros ou para empresas. Você deve ser o roteirista, diretor e ator principal da sua vida profissional, desenvolvendo diariamente suas habilidades para aproveitar todas as oportunidades que surgirão em sua longa trajetória profissional.

Sucesso sempre!

“Você deve ser o roteirista, diretor e ator principal da sua vida profissional.”

Edson Terra

Adriana Cavalcanti

Sou Adriana Cavalcanti, administradora por formação e orientadora de carreiras por missão. Trabalhei durante mais de 20 anos na gestão de RH, então percebi a importância da escolha profissional adequada na construção de uma carreira saudável e sustentável, independente da fase da vida, isso é a base para o florescimento humano. Acredito firmemente que o trabalho é nossa fonte de dignidade e por isso não pode ser fonte de sofrimento.

Fundamentada em experiências pessoais, profissionais e na ciência da psicologia positiva, idealizei o programa Carreira Positiva, com o objetivo de auxiliar as pessoas em suas buscas pelo sucesso com bem-estar profissional.

carreirapositiva

81 9 9132.3300

carreira positiva.com

DE OLHO NO MERCADO DE TRABALHO

Por Adriana Cavalcanti

Aspectos relacionados ao trabalho são estudados há décadas, uma vez que as pessoas passam um terço de suas vidas no contexto laboral. O mercado de trabalho só acolherá as pessoas que fazem a autogestão de sua carreira e do seu equilíbrio emocional, estes são os que entregam resultados e contribuem diretamente para a produtividade, crescimento e a lucratividade, considerado o objetivo maior das organizações.

Quando falamos em mercado de trabalho, estamos lidando com uma sociedade inserida em um cenário de muita instabilidade mundial e transformações rápidas, ou seja, um mundo Volátil, Incerto, Complexo e Ambíguo, conceito tão bem representado no acrônimo VUCA, termo empregado para descrever a velocidade, turbulências, mudanças tecnológicas, culturais e os reflexos no dia a dia das pessoas e das empresas, este que se popularizou nos anos 2000.

Devido à pandemia do COVID-19, surgiu uma nova definição para o mundo, que se tornou BANI, este que é o acrônimo para Frágil, Ansioso, Não linear e Incompreensível. O fato é que estamos suscetíveis à catástrofes a qualquer momento e as empresas, que estão construídas sobre bases frágeis, podem desmoronar da noite para o dia. A ansiedade é um dos sintomas mais presentes na atualidade.

Apesar da evolução das empresas e das pessoas, temos um descompasso gigante entre a pressão por resultados e o apoio para quem constrói os resultados. As organizações e seus líderes não compreendem as motivações humanas para o engajamento genuíno e para a produtividade, por outro lado, as pessoas não entendem a si próprias e nem o que as empresas esperam delas para motivá-las e recompensá-las de maneira justa.

Em um mercado cada vez mais competitivo, veloz, ansioso e frágil, o que vemos são pessoas erradas ocupando lugares errados. Alguns sem o mínimo conhecimento, habilidade ou talento para assumir a função, se tornando profissionais caóticos que não sabem nem o porquê de estarem no seu cargo. Outros, são meros teóricos que possuem currículos repletos de cursos e não conseguem realizar nada. Já há outros considerados "enrolões", fogem do estudo e da prática, entram nas organizações pela sua facilidade de se comunicar e são percebidos como ineficazes rapidamente. Há também outro grupo, que são os habilidosos: geram resultados momentâneos, porém, são resistentes às mudanças, uma vez que sua aprendizagem é superficial. Sabem fazer, mas não sabem o porquê fazem.

Assim, o estado de excelência organizacional está comprometido. O ambiente empresarial, em sua grande maioria, se torna tóxico, desestimulante e causador de doenças físicas e mentais, com alto custo para gerenciar o caos instalado.

Antes de olhar para o mercado de trabalho, olhe para dentro de você

Para sair dessa armadilha, pessoas e organizações devem focar no conceito da competência, visto que, apenas as pessoas que possuem os conhecimentos suficientes, habilidades necessárias e os comportamentos adequados trarão desempenho para as funções e serão os protagonistas de suas carreiras. Estes sim, poderão escolher onde querem trabalhar e onde desejam ficar.

Para isso, se faz necessário o investimento em autoconhecimento e o direcionamento dos recursos de sua essência, numa escolha profissional consciente e motivadora (independente da fase da vida que se encontra) e a partir daí, iniciar o seu projeto pessoal de desenvolvimento. Inclusive, escolhendo contribuir com organizações que estejam em estágios mais amadurecidos de gestão, já que serão as únicas capazes de promover a sustentação de suas motivações e oportunizar o uso do seu talento. Por outro lado, cabe às empresas que desejam prosperar, captar e reter pessoas que já sabem o que querem e como querem atuar.

O autoconhecimento é um tema instigante para a humanidade, sendo alvo de estudo para importantes pensadores, em diversas épocas. Assim, a compreensão de nossas principais características, forças e vulnerabilidades serão as informações mais importantes para a tomada de decisões assertivas. Minha experiência em mais de 2 décadas na gestão da área de RH sinaliza que o maior gargalo para a competência das pessoas e das empresas nasce na escolha profissional inadequada do adolescente, o que resultará na necessidade de correção da rota ao longo da vida, ou seja, uma transição de carreiras. Asseguro com convicção: sem isto, você estará fadado a não desenvolver sua autoconfiança e seguir com uma vida infeliz.

Para contribuir com seu crescimento pessoal e profissional, afirmo com segurança que você precisa identificar os quatro recursos naturais de sua essência e transformá-los em potenciais. É urgente e necessária a compreensão do que temos e do que não temos a oferecer ao mercado de trabalho. Apesar das ferramentas de autoconhecimento serem vastas e diversas, posso afirmar que existem 4 instrumentos que, se interpretados de forma interligada e aprofundada, te possibilitará uma escolha ou transição profissional com bem-estar e sustentabilidade. São eles:

- Perfil comportamental e talento;
- Motivação;
- Forças de caráter
- Inteligências múltiplas.

O estudo aprofundado desse autoconhecimento é o que chamo de programa 'Carreira Positiva'.

Carreira Positiva: A trilha da carreira saudável e sustentável

Idealizado e embalado no sonho de ajudar as pessoas a encontrarem um trabalho compatível com sua natureza humana, tornando-as capazes de realizar entregas produtivas e em equilíbrio com suas habilidades naturais, o que resultará em estado de *flow* e bem-estar. Um método pedagogicamente estruturado em 4 instrumentos que promovem uma jornada interior e permitem que você entre em contato com sua essência, reconheça seus potenciais e olhe sem medo para suas vulnerabilidades, assim, deixando de forma clara e especializada uma escolha adequada e um planejamento consciente da sua própria carreira.

A primeira peça deste quebra-cabeça decodifica o tipo do seu temperamento, sendo capaz de identificar dicotomias na natureza humana, tais como: se é racional ou emocional, se é ativa ou passiva, se é impulsiva ou reflexiva, se é rápida ou lenta, se é extrovertida ou introvertida. A combinação proporcional destes fatores, permite também identificar qual o verdadeiro talento da pessoa (DISC-ETALENT).

A segunda peça será o levantamento dos pilares de motivação natural do tipo de temperamento, os quais serão de suma importância para sustentar seu engajamento e contentamento com a vida, possibilitando que o mesmo consiga analisar se a profissão atende e respeita os pilares referidos.

A terceira peça deste quebra-cabeça são as forças de caráter (Questionário VIA, NIEMIEC, 2018). Estas são características positivas individuais que, quando colocadas em prática, trazem um impacto extremamente benéfico ao desenvolvimento humano. A análise do resultado permite identificar quais são os pontos fortes e fracos, bem como as consideradas de assinatura, ou seja, aquelas que são essenciais, energizantes e espontâneas. O fato é que, para que a profissão seja saudável, essas forças devem ser exercidas nas atividades e fazer parte das atribuições da função.

A quarta e última peça são as inteligências múltiplas (GARDNER, 1994). Estas características classificam que tipo de inteligência você possui, tais como as suas facilidades de aprendizagem. As nove inteligências existentes competem dentro de si e serão classificadas de acordo com o nível de esforço da aprendizagem, ou seja, todos nós temos três inteligências de maior habilidade cognitiva, três medianas e três inferiores. O que demonstra o grau de esforço para a aprendizagem dos temas referentes a cada uma, estimulando-nos a escolher uma profissão mais aderente às três inteligências de maior facilidade, o que o levará mais facilmente à zona da excelência.

Com o resultado destas quatro peças integradas, o participante já consegue ampliar sua percepção de onde será sua área de atuação profissional, porém, ainda não é o suficiente para uma escolha profissional adequada. Tudo isso precisa estar conectado com a sua missão e ao seu propósito de vida.

Consideramos o propósito como a realização da alma, algo maior do que nós, é o porquê fazemos algo. Esse "porquê" está intimamente ligado com um desejo de curar feridas no mundo, que de alguma forma, venha a nos curar também. Quando o propósito é colocado em ação, a alma se sente pertencente e conectada com a fonte da vida, do entusiasmo e da motivação. Nós sentimos a alegria de acordar de manhã porque vemos um sentido na vida. O propósito dá significado à vida. Nossa missão é apreciar esse propósito e associá-lo a um ofício ou profissão, o local onde as pessoas dedicarão muitas horas na jornada da vida.

Agora sim, querido leitor, você estará pronto para olhar para o mercado de trabalho, para realizar uma pesquisa de campo e identificar qual é a nomenclatura, cargo ou função adotada pelo mundo empresarial que permite a materialização do seu propósito e construir a trilha da sua nova carreira saudável e sustentável. Ou seja, o mapeamento dos conhecimentos, habilidades e dos comportamentos necessários para o excelente desempenho da função escolhida, atento sempre à importância da manutenção, melhoria dos seus pontos fortes e redução de possíveis interferências que possam impedir a materialização da trilha construída.

Neste momento, você verá que tudo que existe em sua bagagem pessoal e profissional em atividades ou funções anteriores, será útil e precioso para iniciar sua vida profissional ou a transição de carreiras. Assim, o programa 'Carreira Positiva' tem ajudado mais de 800 pessoas, no Brasil e no mundo, a encontrar seu lugar no mercado de trabalho, independente do cenário com nuvens turbulentas, confusas e inconstantes. Dessa forma, posso afirmar que existe um lugar especial para você e agora sim, poderá abrir suas asas e voar rumo ao tão sonhado sucesso profissional.

“Existe um lugar especial esperando por você no mercado de trabalho.”

Adriana Cavalcanti

Janaina Zerba

Sou Janaína Mara de Souza Zerba, *coach*, palestrante e analista de perfil comportamental, sempre tive muita facilidade em ouvir as pessoas, mas nunca pensei que pudesse trabalhar com isso. Ser *coach* me abriu os olhos para atuar no mundo utilizando o meu dom de ouvir para transformar vidas, podendo contribuir para que pessoas pudessem extrair o melhor de si para oferecer o seu melhor ao mundo.

Trabalhar como *coach* de carreira me permite transformar o mundo no melhor lugar onde nossos corações sonham ser possível. Eu ajudo a transformar pessoas e pessoas transformam o mundo. Vem conversar comigo!

janamarazerbacoach

11 97683.4178

janamarazerbacoach@gmail.com

oseucoach.com/janamarazerba

O METAVERSO E
AS NOVAS CARREIRAS

Por Janaina Zerba

Quando eu era criança, adorava imaginar que o futuro seria igual ao desenho dos Jetson: carros voadores, pessoas com esteiras rolantes dentro de casa, roupas futuristas e um robô, a governanta chamada Rosie. Eu não imaginava que não aconteceria nada disso (ou pelo menos não até o momento em que escrevo estas linhas para você) e também não imaginava que eu estaria viva para ver as mudanças da sociedade no futuro.

Estamos vivendo uma transformação social sem precedentes e em grande parte acelerada pela pandemia do COVID-19. Tivemos que mudar a nossa forma de comunicar, consumir, aprender, de nos divertimos, de transitar e, claro, de trabalhar. O mercado de trabalho como conhecíamos antigamente precisou passar por grandes e importantes mudanças. O *home office* passou a ser o novo escritório e as reuniões passaram a ser virtuais. Tudo fazendo parte do "novo normal".

A internet de alta velocidade nunca foi tão necessária para o ser humano, o que contribuiu para sua evolução, ficando ainda mais rápida. Com a necessidade de comunicação cada vez mais em tempo real, as distâncias entre o mundo virtual e físico precisaram ser encurtadas a tal ponto que os dois mundos se misturassem. Então surgiu o metaverso.

O termo "*metaverso*", contudo, não é recente. Ele foi usado pela primeira vez no livro de ficção científica chamado "*Snow Crash*", escrito por Neal Stephenson, em 1992. Baseado em uma narrativa estruturalmente caótica e contendo referências a assuntos pouco explorados na ocasião, tais como: linguística, filosofia, cientologia, antropologia e história, na obra as pessoas utilizavam o metaverso para fugir de uma realidade distópica. Uma curiosidade: o termo "*snow crash*" era usado quando os computadores *Macintosh* travavam em um nível tão fundamental que a CPU começava a desenhar pontos aleatórios no monitor, criando um efeito similar à uma tempestade de neve ou um "*snow crash*".

Mas, na prática, o que é o metaverso? É um espaço virtual interativo, compartilhado e hiperrealista, onde os usuários convivem e têm experiências extremamente imersivas utilizando avatares customizados 3D, através do uso de realidade aumentada e realidade virtual. Este novo ambiente virtual pretende ser o sucessor da internet móvel.

O metaverso é operado dentro da rede *blockchain* (também chamada de Web 3.0), que é uma rede segura, pública, descentralizada e colaborativa. O *blockchain* funciona como uma cadeia de blocos de dados interligados entre si (daí onde vem o nome: cadeia de blocos, em português), onde não é possível retirar ou incluir qualquer informação que seja sem que antes seja validado por cada um dos blocos da cadeia. Sendo validado, a informação passa a pertencer ao bloco em que foi inserido. Neste universo digital, as criptomoedas são os meios de pagamentos utilizados. Ou seja, dinheiro virtual num mundo virtual. E a promessa é fazer bastante barulho. Segundo uma pesquisa feita pela rede de televisão norte-americana Bloomberg, estima-se que até 2024 o metaverso mobilize 800 milhões de dólares!

As próximas plataformas e mídias serão ainda mais imersivas, com uma internet palpável onde nós não apenas participaremos das experiências como estaremos dentro da própria experiência. Ao enviar um vídeo para seus amigos, eles se sentirão ao seu lado e não apenas olhando por uma janela pequena. Com tamanha evolução e em velocidade espantosa, é necessário que estejamos prontos para a nova realidade do mercado de trabalho ou ficaremos, literalmente, no passado. Segundo a Adecco (empresa europeia de Recursos Humanos), estima-se que já em 2030 devam existir onze novas profissões, resultantes do metaverso.

No que se refere aos indivíduos, não nos cabe mais "não entender de tecnologia". Segundo um estudo realizado pelo Instituto Locomotiva, estima-se que no Brasil existam 34 milhões de pessoas desbancarizadas (que não possuem uma conta em banco ou não a movimenta), por exemplo.

Estes números correspondem a 35% da população brasileira. Existem muitos motivos para isso acontecer, mas um deles é a aversão à tecnologia. E não imagine que isso está acontecendo apenas em regiões mais remotas do país. Muitas pessoas nas grandes capitais se enquadram neste estudo. Num mundo onde serviços são pagos com criptomoedas, não saber operar um aplicativo de banco é o outro lado da moeda...e é um lado onde ninguém deveria estar.

Falando sobre (des)emprego: segundo o IBGE, existem no Brasil quase 12 milhões de desempregados, o que corresponde a uma taxa de desemprego de mais de 11% e aproximadamente 6% da população nacional (dados do primeiro trimestre de 2022). Tudo isso pode ser encarado como um terreno fértil, onde várias possibilidades, até então inimagináveis, podem se descortinar diante de nós. Para ajudar a vislumbrar esse futuro tão curioso quanto confuso, vamos elencar algumas profissões que tem tudo para dar certo no metaverso:

Programadores: Esses profissionais que atualmente são tão indispensáveis, continuarão sendo extremamente necessários no metaverso, pois haverá a necessidade de desenvolvimento de redes descentralizadas. Eles vão trabalhar com tecnologia 5G e cuidar da infraestrutura da plataforma. Precisam ser especialistas em *XR* (do inglês *extended reality*, ou realidade estendida) que utilizem as três tecnologias disruptivas: realidade aumentada, realidade virtual e a realidade mista. Desta forma, o usuário terá uma experiência imersiva;

Designer gráfico: Os *designers* serão responsáveis por modelar o metaverso. Utilizando tecnologias cada vez mais disruptivas, os designers serão os "arquitetos" desse novo universo;

Storyteller: São os "roteiristas" do metaverso. Eles criam narrativas que emocionam e proporcionam experiências imersivas para que as marcas se tornem atrativas no ambiente virtual;

Gestor de investimentos: Nem só de especialistas em informática viverá o metaverso! Também haverá vagas para áreas diversas, como finanças.

Este profissional apoiará os usuários a fazerem bons investimentos para aumentarem os rendimentos dentro e fora do mundo das criptomoedas;

Gestor de patrimônio e imobiliário digital: Este profissional fará gestão de construções, terrenos e propriedades no mundo digital. Sim... propriedades no metaverso! Além disso, este profissional avaliará investimentos em imóveis para seus clientes. Tudo de forma digital.

Estilista de moda digital: Mais um exemplo de profissional bastante necessário. O metaverso precisará de pessoas capacitadas para desenvolver *skins* (roupas para avatares) ou acessórios;

Desenvolvedor de avatares: Criará avatares personalizados para usuários e empresas. Quem souber programação e design pode se especializar em 3D e realidade aumentada;

Engenheiro de hardware: Tanta tecnologia exigirá equipamentos à altura. Neste sentido, os engenheiros de *hardware* terão um papel muito importante. Eles poderão desenvolver sensores para operações industriais, bem como sensores de temperatura e pressão para testes de simulação;

Diretor de eventos: Diversos eventos já ocorreram no metaverso. Quem tiver experiência em organizar eventos no mundo real poderá encontrar um lugar no mundo virtual também;

Influenciador: O universo da influência digital...no meio do digital. Seja de pessoas reais ou marcas, o influenciador no metaverso tem a vantagem de estar sempre disponível em diversos locais ao mesmo tempo.

Esta lista não tem a pretensão (nem de longe) de esgotar o assunto, pois tudo ainda é muito novo. Caso você tenha visto uma chance de migrar para esse mundo, pesquise de qual forma você pode adaptar a sua *expertise* para cair de cabeça no Metaverso. Caso você não tenha encontrado a sua profissão aqui (ou alguma adaptação dela), não fique desanimado. Profissões novas aparecerão conforme a demanda. Muita coisa ainda está por vir neste universo e você, sem dúvida, vai encontrar o seu lugar ao sol... ou na rede!

Está pensando em mudar de carreira para alguma dessas do metaverso, mas não faz ideia por onde começar? Ótimo! Então vamos começar pelo básico. Fazendo minhas as palavras do Oráculo de *Delphos*: "Conhece-te a ti mesmo". Sem saber das suas potencialidades e dos seus defeitos, fica muito mais difícil encontrar o emprego dos sonhos.

Existem algumas formas de buscar essas respostas, mas uma das mais efetivas (se não for a mais efetiva) é uma Análise de Perfil Comportamental feita com muita seriedade e com processos validados cientificamente. Depois, é necessário analisar que assunto te interessa. O que te importa, que assunto te atravessa ou te incomoda, a ponto de agir no mundo? Não caia na tentação de "procurar o seu propósito", pois propósito não se acha. Propósito se constrói através de assuntos que são importantes para você. Isso é um tema tão falado ultimamente e foi tratado de maneira tão aleatória que acabou se esvaziando de sentido. Faça o seu propósito para viver de propósito (e não viver "sem querer"). Uma ótima maneira de fazer o seu propósito é descobrir o motivo da sua ação, como sugere o livro de Simon Sinek, o *Comece pelo Porquê*.

Depois disso tudo resolvido, daí vamos analisar quais são as habilidades que você já tem e que já pode utilizar, ou quais ainda precisam ser desenvolvidas. Muitas vezes, você já tem bagagem mais do que suficiente para trabalhar no metaverso e nem se deu conta. Outras vezes, não se trata de mudar a profissão, mas sim de usar a bagagem que já temos para atuar numa área nova(e cheia de propósito para nós). Por exemplo: sou uma pessoa metódica, organizada e naturalmente boa ouvinte. Gosto de desenvolver processos também. Então aproveitei essas características para trabalhar como *coach*: tenho método de trabalho organizado e ouço as pessoas.

Analise o que você já tem e que pode ofertar ao mundo. Não descarte tudo o que você tem de bom. Não é sobre queimar barcos, é sobre construir pontes. Assim, cada um de nós pode transformar o mundo em um lugar mais bonito, em que nossos corações sonham ser possível... sobretudo no metaverso!

Caso precise de ajuda na sua jornada, você sabe onde me encontrar.

“Não é sobre queimar barcos. É sobre construir pontes.”

Janaina Zerba

Emerson Camilo

Sou Emerson Camilo, bacharel em Ciências da Computação, com pós-graduação na Fundação Getúlio Vargas (FGV) em Gestão de TI e Gestão Empresarial.

Com mais de 15 anos de experiência em Gestão de Pessoas sou *coach* de carreira e *business* e ajudo profissionais a encontrar a carreira de seus sonhos.

e.camilocarvalho

11 97473.7131

SOFT SKILLS, AS COMPETÊNCIAS PARA O SUCESSO

Por Emerson Camilo

As empresas atualmente estão sofrendo para contratar profissionais no mercado, pois há um *déficit* de mão de obra qualificada. Do outro lado da mesa, o Brasil possui mais de 12 milhões de desempregados. O que está acontecendo? Temos jovens saindo da faculdade e não encontrando o emprego dos sonhos pois existem algumas posições que exigem uma experiência que o ingressante no mercado não tem.

Existe também uma grande oferta de vagas para perfis com alta qualificação técnica e grande experiência na função. Algumas empresas partem para o modelo de formação de profissionais e amenizam parte deste problema crônico. E por que este cenário caótico acontece? Por dois grandes aspectos:

1. As empresas anunciam vagas focando nos ***hard skills*** (conhecimentos técnicos da função) e tempo de experiência destes *skills*;

2. As pessoas não se preparam adequadamente com os *hard skills* e não imaginam nem que existem *soft skills* que precisam ser conhecidos e desenvolvidos;

O que isso significa? Significa que as empresas selecionam os currículos por conhecimentos técnicos (*hard skill*) e investigam em dinâmicas de grupo e entrevistas as habilidades comportamentais (*softs skills*), que irei explanar mais à frente. O que ninguém te contou até hoje é que as pessoas são contratadas pelo quanto elas têm de *hard skill* e são demitidas por tudo que elas não têm de *soft skills*.

Você que está em uma jornada de mudança de carreira, provavelmente pesquisou qual a área de formação e o que você precisa ter para essa nova carreira. Provavelmente, você já relacionou todos os cursos complementares à formação acadêmica que você precisará fazer e em quantos anos você pode se tornar um profissional de sucesso.

O que ninguém te contou é o outro lado da moeda. Eu fui gestor de pessoas por mais de 15 anos. Já liderei times de 10 especialistas e também times grandes com mais de 120 técnicos. Em minha experiência de anos em gestão, o que mais encontrava impedindo alguém de ingressar na carreira, ou mudar de carreira, não era o conhecimento técnico da nova carreira, e sim as habilidades comportamentais.

As empresas não falam declaradamente, mas uma das grandes barreiras para transição de carreira do operacional para o tático, ou do tático para o estratégico de uma organização, não é conhecimento da indústria ou do mercado e sim suas habilidades sociocomportamentais, chamadas ***soft skills***.

Este assunto é vasto e rico e não será possível esgotá-lo neste capítulo, por isso, se o seu desafio profissional é transitar do operacional para o tático, entre em contato comigo que posso te ajudar mais profundamente. Ou se você deseja transitar para outra carreira e não tem conseguido, pode ser que esteja faltando para você alguns *soft skills* significativos. Aqui neste capítulo não tenho a pretensão de discorrer sobre todos os que podem te ajudar a transitar e te manter na sua nova posição profissional, o espaço não me permite falar de todos, mas separei o que considero os *skills* mais relevantes e desejados pelas organizações.

Ao longo da jornada, você sentirá a necessidade de obter novos *skills*. Assim como em um jogo de videogame em cada nova fase que você avança, em sua transição um novo *skill* será necessário para ir para o próximo nível.

É importante você ter consciência que sua formação, seu currículo e todos os *hards skills* que você possui são muito valiosos em uma recolocação, mas o que vai garantir o seu sucesso frente ao entrevistador, serão os seus *softs skills*. Mais que uma entrevista, o que garantirá o teu sucesso nesta nova empresa e nesta nova carreira talvez não seja o seu conhecimento técnico na função desejada, mas sim as suas habilidades de comportamento.

Comunicação

"Cuidado com o que você deseja! Você pode conseguir!" Talvez essa frase não faça sentido pra você agora, mas a sua comunicação é o *soft skill* mais importante em uma transição de carreira, bem como no pós-transição. Vejo que a comunicação equivocada pode trazer para você coisas que você ainda não está preparado para lidar.

Alguns funcionários me dizem: "Sempre sonhei em participar de um projeto desafiador ou inovador", porém, quando o gestor escala para um projeto deste tipo, o colaborador reclama que é difícil e que outra pessoa deveria ser escalada para te ajudar neste projeto.

Geralmente, o candidato não avalia a real responsabilidade de um determinado papel que cobiça, ou então deseja uma posição para qual pode não ter preparo psicológico para lidar com situações que aquela posição requer.

Então, antes de tomar uma decisão de mudança de empresa, mudança de carreira, mudança de segmento de atuação, avalie-se para a posição que você almeja. Você está preparado para lidar com as demandas de comportamento que aquela posição exige? Está preparado para suportar as pressões daquela posição? Suponhamos que você esteja preparado, então avalie: como é a sua comunicação? É positiva? Une as pessoas do grupo? É uma comunicação que faz com que as pessoas desejem estar perto de você? Ela atrai ou distancia as pessoas ao seu redor? É uma comunicação que faz com que as pessoas amem o que fazem e amem a empresa onde estão? Ou é uma comunicação que só aponta críticas às circunstâncias e à empresa?

Enquanto a sua comunicação for contra a liderança,
você nunca será um líder!

Liderança

Outra *soft skill* muito desejada pelas organizações é a liderança. Engana-se quem pensa que liderança é só um cargo de gestão ou uma posição no *board* da companhia. A liderança que as organizações estão procurando em suas contratações é a do líder situacional. Aquele líder que agrega às pessoas de um grupo para realização de um objetivo. Não importa o cargo que você deseja ocupar na sua nova carreira, se você procurar criar laços de relacionamentos profissionais saudáveis entre as pessoas ao seu redor e conseguir levá-las junto com você para a realização das metas da organização, você será visto como um líder importante e será considerado de forma diferente nesta organização.

Um dos maiores desafios de quem trabalha no operacional, é excelente no que faz,e está em busca de uma transição para o nível tático (coordenador, gerente) é fazer com que as pessoas ao seu redor consigam entregar um trabalho no seu padrão de qualidade ou ainda mais elevado que o seu. Quando você é um especialista ótimo em fazer as coisas, o maior desafio é ser mentor, para que os outros sejam ótimos como você é. O que impede, às vezes, este técnico de transitar para o próximo nível, é o medo de perder o lugar de destaque e a fama pelos ótimos resultados. Mas se você se encontra neste ponto agora, para que sua transição seja bem sucedida, não importa mais como você vai fazer uma determinada tarefa, mas sim, como você vai fazer para que outras pessoas aprendam com você a ser excelente, de maneira que você seja visto como uma referência de sucesso para vários profissionais excelentes. Quando você chega neste estágio, o importante é o que seu time produz, independente da sua presença. Um líder motiva pelos ideais. Quando as pessoas estiverem conectadas com você pelo mesmo propósito, o seu sucesso será a consequência de um trabalho em equipe.

Trabalho em equipe

Uma das grandes habilidades que pode ser considerada uma *soft skill* muito procurada pelos gestores em seus colaboradores, é a capacidade de trabalhar em equipe. Se você for uma pessoa que consegue se conectar com os seus pares e contribuir de forma diferenciada para fazer com que o grupo alcance os resultados, você realmente será um colaborador muito bem avaliado dentro da organização e sempre haverá uma posição de destaque disponível para você, isso porque você conseguirá trabalhar bem com qualquer pessoa do time e todos desejarão trabalhar com você. Geralmente, nas organizações, existem pessoas que produzem grandes resultados sozinhas mas não conseguem produzir um bom resultado em grupo e ainda causam situações que atrapalham o coletivo. Este tipo de situação afasta o colaborador do sucesso.

Portanto, chega de ficar investindo todo o seu esforço em mais um curso técnico ou mais uma especialização. Não é isso que você precisa. Você que está na jornada de mudança, o *hard skill* te coloca de frente com a oportunidade, mas é o *soft skill* que te efetiva na posição e que contribui para o teu sucesso.

Quantas pessoas têm procurado uma nova pós graduação, um novo MBA e um novo curso técnico. Mas não é isso que vai te fazer mudar de carreira e se manter na nova posição. São seus *soft skills* que te levarão para o sucesso na sua transição de carreira. Para isso, você precisa se conhecer. Conheça suas habilidades, suas competências, suas características que fizeram ter destaque na carreira anterior e usar essas competências ao seu favor.

Para te ajudar neste processo de transição e na sua jornada de conhecimento do perfil de comportamento e das suas competências, vou deixar o link de uma ferramenta de *Assessment* que vai te ajudar a se conhecer e entender quais são as competências e as *soft skills* que você têm mais desenvolvidas e quais ainda precisam de desenvolvimento. Abaixo vou disponibilizar o link gratuito que te dará a informação macro de seu perfil e de suas características. Caso você deseje aprofundar o conhecimento de seus *soft skills* e o seu grau de desenvolvimento em 16 deles, você poderá obter o relatório completo. Para isso, me chame no *direct* do Instagram. Para os leitores deste livro haverá uma condição especial!

Segue o link para você conhecer o seu perfil e seus *soft skills*.

cisassessment.com.br/degustacao/ecamilo

Muito sucesso na sua jornada de mudança e lembre-se: Toda mudança começa com o primeiro passo!

“Cuidado com o que deseja! Você pode conseguir!”

Emerson Camilo

Stefan Klaus

Eu sou Stefan Klaus, filho amado do Criador, marido de Ana Paula e pai de Marcos Paulo e Maria Fernanda. Sou santista, triatleta, enxadrista, amo música, viajar e cozinhar. Sou fundador da ONG Empresto Minhas Pernas, que promove a inclusão social. Tenho 20 anos de liderança na área comercial após 15 anos de sucesso na área química.

Sou *master coach* formado pela FEBRACIS, especialista em Transição de Carreira e Gestão de Negócios com foco em resultados ecológicos, atuando de forma sistêmica atendendo famílias de empresários e suas empresas. Tenho mais de 1.000 horas de atendimento em *coaching*, *team coaching* e treinamentos.

eusoustefanklaus

Stefan Klaus Master Coach

13 98181.7955

seucoach@stefanklaus.com.br

stefanklaus.com.br/

COACHING DE CARREIRA

Por Stefan Klaus

Iniciei minha jornada ainda com 17 anos, como estagiário em indústrias químicas, aos 18 eu já tinha dois empregos. E pelos 15 anos seguintes, passei por multinacionais, órgãos públicos, escolas, faculdades, atuei como gestor de qualidade, auditor, chefe de laboratório, vendedor de serviços e professor. Uma trilha que era comum na época: um curso técnico, uma faculdade, uma pós-graduação, um mestrado e mais de 100 cursos de especialização.

Abri meu primeiro negócio em 2002, quando ainda era funcionário CLT, era uma distribuição de perfumes porta a porta, que funcionou por 10 anos. Trabalhava sem parar e não usufruia do dinheiro. Aos 33 anos,no topo de uma carreira de sucesso financeiro e na evolução dos cargos (dentro do CLT), me vi infeliz e não sabia explicar o porquê não queria mais aquilo. Coincidindo com esse sentimento, fui desligado da instituição de ensino em que eu trabalhava como professor e como chefe de laboratório.

Me vi fazendo uma única coisa (o negócio) e como não entendia de gestão, quase quebrei (misturava com as contas de casa) e fui estudar novamente. Fiz o EMPRETEC no SEBRAE para aprender comportamentos empreendedores e também uma pós-graduação na FGV de Gestão de Negócios. Entendi que o negócio não era viável para o padrão de vida que eu queria e decidi fechar.

Fui contratado pela empresa que eu representava para ser treinador de vendedores e gerente comercial de outro canal, e depois consultor de novos negócios. E fui desligado novamente, desta vez por ter um alto salário que não era compatível com a realidade da empresa. Abri meu escritório de representação e, com mais experiência, cobri uma área territorial grande, oferecia atendimento digitalizado, vendedores autônomos e 9 empresas parceiras... até descobrir meu propósito!

Em 2016, iniciei um projeto social que virou uma ONG 3 anos depois, estudei a fundo o MROSC (Marco Regulatório das Organizações da Sociedade Civil) e reunindo a diretoria, planejamos um estatuto para receber verbas públicas e privadas e um modelo de gestão baseado na economia de recursos e na centralização de projetos em diversas cidades com um único CNPJ.

Em 2020, veio a Pandemia do COVID-19 e, de novo, fui buscar conhecimento para superar uma enorme crise econômica. Encontrei o que precisava em um treinamento chamado Método CIS, com um conteúdo muito prático e forte sobre inteligência emocional, neurociência e alta performance. Com valor elevado em conhecimento, mergulhei numa jornada de mais de 1000 horas de treinamentos de *business*, perfil comportamental, técnicas de oratória e por fim o *coaching* e em seguida o *master coaching*.

Mas, Stefan, me conta...Porque você escreveu tudo isso sobre a sua jornada? Preciso ser sincero...Se eu tivesse conhecido um *coach* de Carreira no início de tudo isso, eu teria feito um caminho muito mais prazeroso e com toda certeza apreciaria toda a jornada. Então vamos fazer um combinado? Não comece a ler o resto do capítulo ainda...Pegue uma folha de papel, transcreva estas perguntas abaixo e responda com humildade, verdade e coragem!!

Quem sou eu? O que realmente eu faço muito bem profissionalmente? Qual seria o cargo/trabalho/emprego ou negócio dos meus sonhos? Por mais quanto tempo eu aguentaria viver essa rotina? Qual o pedaço da minha trajetória profissional que eu não queria ter vivido? Quais são as minhas características pessoais mais marcantes? Eu tenho conhecimento, habilidade, atitude e caráter para fazer o que eu faço hoje? Você realmente entende como está o cenário atual do mercado de trabalho?

Já escreveu? Então vamos lá!

Você sabia que existe uma crise dos 25 anos? (jovens que sofrem com incerteza profissional ao chegar na vida adulta!) Você sabia que a tecnologia destrói empregos de quem não consegue se atualizar?

De acordo com uma pesquisa realizada pela consultoria Terá/Scoop & Co, 63% dos profissionais do mercado já mudaram de carreira e 48% pretendem mudar nos próximos 12 meses! A maior causa é a insatisfação que eles nutrem diariamente no trabalho.

Sabe que ficha caiu pra mim? A minha história que escrevi acima, não aconteceria no cenário atual! Novas carreiras estão surgindo e outras tantas irão desaparecer até 2030! Os profissionais precisam viver a transformação digital para entender nossa sociedade atual, baseada em informações e tecnologia. Criar produtos, carreiras e negócios orientados para esse novo mercado.

As habilidades mais procuradas hoje são as comportamentais. Inclui trabalhar com pessoas, habilidades para resolução de problemas, autogestão, tolerância ao estresse e flexibilidade. Tem coisas bem bacanas como orientação ao serviço (procura ativamente maneiras de ajudar às pessoas), aprendizagem ativa, pensamento analítico, uso e controle da tecnologia e inteligência emocional.

Como o *coach* de carreira vai poder me ajudar? O que é *coaching*?

Primeiro vou construir um pouco desse conhecimento para você entender... porque você precisa de um *coach* urgente, se estiver querendo fazer sua transição de carreira ou ascender na sua empresa, ou ainda, prestar um vestibular ou escolher uma carreira.

O *coaching* é consolidado no mundo todo, e, além de ser utilizado em diversas empresas e governos, também já compõe cursos e programas de universidades renomadas como Harvard, Columbia University, Wharton, HEC Paris, Pontifícia Católica de Chile, Stanford, MIT e outros. O *coaching* é consagrado como método de maior geração de performance e resultados no mundo empresarial.

O *Coaching* Integral Sistêmico, a minha escolha de formação, é um processo que utiliza ferramentas comprovadas internacionalmente e leva o indivíduo do seu estado atual (quem ele é e o que ele faz no presente) para o seu estado desejado (onde ele quer chegar e quem ele vai se tornar), utilizando todos os potenciais do cliente, minimizando os seus impedimentos, agindo com razão e inteligência emocional, atuando em todas as áreas da vida.

Dentro das diversas áreas do *coaching*, o *coach* de carreira tem a missão de ajudar o seu *coach*ee (cliente de *coaching*) a descobrir a sua essência, seus dons e talentos, possibilitar que ele encontre na sua nova profissão o sucesso que almeja e expressar todo o seu potencial e viver o seu propósito.

Ainda sobre o *coaching* de carreira temos 3 principais divisões: [1]

Coaching Vocacional - Auxilia adolescentes ou adultos a escolherem suas carreiras e proporcionar certeza durante a realização dos principais vestibulares do Brasil e do Mundo.

Coaching de Transição de Carreira - Conduz profissionais que já estão no mercado, mas desejam mudar de área de atuação;

Coaching de Performance Profissional - Conduz profissionais que não querem mudar de área, porém gostariam de performar melhor e alcançar objetivos profissionais ousados.

[1] Fonte: Apostila *Coaching* de Carreira - FEBRACIS

Já entendi o que é *coaching*, Stefan... mas como é isso na prática?

O *coach* vai levantar informações de seu cliente o *coach*ee nas primeiras sessões para traçar a pirâmide do indivíduo, para estar preparado para este novo mundo:

- Traçar objetivos claros coerentes com o propósito (Ter)

- Desenvolver *Hard* e *Soft Skills* (Fazer)

- Fortalecer a identidade (Ser)

Na metodologia que utilizo, começamos aplicando um teste que avalia o ser humano através da Teoria das Inteligências Múltiplas, de Howard Gardner. São elas:

Inteligência Lógico-Matemática, Linguística, Corporal-Cinestésica, Espacial, Musical, Intrapessoal, Interpessoal, Naturalista e Existencial.

Cada uma delas, possui uma lista de profissões que mais se adequam ao perfil do *coach*ee.

Em seguida, realizamos um teste de perfil comportamental, que foi desenvolvido para melhor compreender a personalidade e as potenciais competências dos indivíduos. Entender seus pontos fortes, as oportunidades de melhoria para desenvolvimento profissional e aumentar o nível de satisfação interna e externa. É um teste único no mercado que mede 6 dimensões:

1. Intensidade de Perfil Comportamental baseado na Teoria Disc de William M. Marston;

2. Motivadores e melhor adequação à funções profissionais;

3. Estilo de Liderança e índices de Positividade, Flexibilidade, Estima e Energia;

4. Atitude e Tipo Psicológico preferencial com base nos conceitos de Carl Jung;

5. Mapeamento de potenciais competências;

6. Espectro das Inteligências e canal de aprendizagem predominante, por Howard Gardner.

Com a ajuda desses testes, o *coach* começa a investigar as crenças do indivíduo. Pera aí!! O que é crença?

É toda programação mental (sinapses neurais), adquirida como aprendizado durante a vida e que determina os comportamentos, as atitudes, os resultados, as conquistas e a qualidade de vida. As experiências ao longo da vida formam aprendizados que são consolidados no cérebro e determinam como a pessoa se posiciona no mundo, como ela se enxerga e como vê as pessoas ao redor. São suas verdades internas "incontestáveis".

A partir daí, o *coach* auxilia o *coach*ee a ter clareza de quem ele é, podendo reprogramar suas crenças e conduzir o processo de escolha (sem intervir) para que o cliente, com base em informações internas e busca de informações externas, trace o caminho que vai levá-lo ao plano de carreira ideal de acordo com suas inteligências, seu perfil comportamental e a aquisição das novas crenças fortalecedoras.

Basicamente, existem 5 chaves para a maturidade da escolha profissional:

- Autoconhecimento - saber de fato quem eu sou;
- Autorresponsabilidade - saber que eu sou o responsável por tudo que acontece comigo;
- Foco - olhar na direção da escolha;
- Estratégia - Percorrer o melhor caminho;
- Determinação - não parar até conseguir.

O pesquisador e escritor Jim Collins coloca a humildade como uma das maiores competências do Líder Nível 5. Contratar um *coach* de carreira é uma decisão de quem é capaz de pedir ajuda para potencializar seus resultados e atingir seus objetivos.

Conheça minha ONG, siga-me nas redes sociais, faça os testes de perfil comportamental e de inteligências múltiplas no link abaixo e consulte os valores para me contratar direto no meu whatsapp!

QR code para o teste comportamental e das inteligências múltiplas.

“O *coach* de carreira constrói com o seu cliente uma conexão entre quem ele é e a profissão e/ou negócio que vai realizar seus sonhos, vivendo seus valores.”

Stefan Klaus

Marcus Giotto

Sou Marcus Giotto e trabalho ajudando pessoas a se desenvolverem profissional e emocionalmente. Além de *master coach* e analista de perfil comportamental treinado pela Febracis Boston/USA, atuo como tradutor e intérprete nas áreas médica e jurídica. Dou aulas de inglês online e como *copywriter (B2B – Business to Business)* criando conteúdo específico para empresas.

Atendo pequenos e médios empresários, gerentes de *marketing* e diretores de criação fazendo auditoria nos *sites, e-mails*, anúncios, descrições de produtos, *blogs, e-books*, informes e estudos de caso.

Sou membro da Aliança de Escritores Profissionais dos EUA (PWA) e *American Translators Association* (ATA).

marcus-giotto-01729513

+1 508 335.7368

marcusgiotto@yahoo.com

oseucoach.com/marcusgiotto

giottocopywriting.com

CRIE UM CURRÍCULO ATRATIVO

Por Marcus Giotto

Sejam bem-vindos à sua melhor versão impressa. Neste capítulo, iremos organizar estrategicamente os pontos relevantes de sua experiência profissional, de tal maneira que se torne um convite irresistível a uma conversa por telefone ou pessoalmente com um recrutador, futuro empregador ou colaborador.

Há períodos na nossa vida em que buscamos novos desafios, seja dentro da mesma empresa/organização ou pelo simples desejo de fazer uma atividade diferente. A mudança de carreira é um processo que demanda planejamento. Antes de tomar esta decisão, faça uma autoavaliação para ver se este é o momento certo para você mudar de atividade; procure conversar com alguém que atue na mesma atividade que você está almejando. Quais são os prós e os contras? Imagine-se experimentando essa nova realidade. Após este exercício, se você decidir que está pronto para a mudança, então chegou a hora de preparar o seu Curriculum Vitae (CV) para que a mudança aconteça de maneira suave e efetiva. Eu passei por algumas transições de carreira nos últimos 20 anos que exigiram de mim um esforço intelectual significativo focado em metas bem claras. Após terminar meus estudos em Física na USP/São Carlos na área de ressonância magnética nuclear, decidi ir trabalhar nos Estados Unidos. Porém, o novo trabalho exigia que eu aprendesse muito mais inglês do que eu sabia e aprendesse assuntos da área de química que eu desconhecia. Certamente, uma transição de carreira de sucesso envolve a capacidade da pessoa de se reinventar. Este processo exige que a pessoa faça cursos ou participe de workshops relevantes para a nova área de atuação, com o objetivo de expandir o próprio conhecimento, enriquecendo o currículo.

O que NÃO colocar no Currículo

O currículo é uma visão detalhada sobre sua trajetória profissional, incluindo suas conquistas, publicações, participação em associações. No entanto, há alguns cuidados que devem ser levados em consideração para não arruinar a sua imagem de candidato ao novo emprego.

1. Foto

No Brasil, **não** é necessário colocar a foto no currículo, uma vez que suas fotos estarão disponíveis nas redes sociais. A foto no CV pode funcionar como distração tirando o foco do recrutador das suas qualificações e experiências profissionais. Recomendo você usar o seu CV como modelo para preparar o seu perfil no LinkedIn, onde sua foto recente estará disponível.

2. Frases clichês

Os clichês – aquelas frases feitas que todo mundo apenas repete – podem prejudicar suas chances no processo de seleção. Exemplos: "Sou muito responsável"; "Sou esforçado"; "Gosto de trabalhar em equipe"; "Sou proativo". Percebam que fica difícil verificar essas qualidades que foram apenas mencionadas. A fim de ser mais convincente sobre estas qualificações, indique as situações nas quais suas qualidades foram corroboradas pelos fatos. Por exemplo, informar as soluções apresentadas por você para um problema apresentado pelo seu chefe ou em um trabalho conjunto entre diferentes divisões da empresa.

3. Formatação e fontes exóticas

Em geral, a melhor opção de formatação ainda é o modelo básico. O uso de fontes exóticas (muito elaboradas) dificulta a leitura e, novamente, distrai o leitor das informações mais importantes. Portanto, escolha uma fonte tradicional, tal como Arial, Tahoma, Verdana ou Calibri.

4. Hobbies e e-mails complicados

Não mencione seus hobbies no CV. E se o seu endereço de e-mail for "engraçado", misturado com alguns símbolos, faça um grande favor a você mesmo, comece do zero. Crie no Google um e-mail novo com o seu nome, ou alguma combinação que lembre o seu nome. Por exemplo, o meu e-mail no Google é marcusgiotto@gmail.com

Como preparar o CV para uma transição de carreira

Prepare-se para reestruturar o seu CV por completo, mantendo em mente a simplicidade e rapidez de leitura. Um CV de duas ou três páginas organizado por tópicos com marcadores usando a mesma fonte de tamanho 10, caixa alta em negrito para o seu nome e títulos ajuda muito. Iremos discutir sobre esses detalhes mais à frente neste capítulo.

Uma sugestão para dar nome ao seu CV na hora de salvá-lo é batizar o arquivo com seu nome seguido da sigla CV e o ano em que foi criado ou atualizado. Por exemplo, Marcus Giotto_CV_2022.pdf. Lembre-se de salvar o arquivo no formato **.pdf** usando o software Adobe Acrobat, ou **similar** a fim de poder abri-lo usando qualquer computador ou telefone sem perder a formatação.

Competências

Aqui você vai apresentar um resumo de sua vida profissional estando coerente com as novas metas. Uma boa dica é combinar o que você já fez dentro da área em que se destaca, com a função que você almeja alcançar, considerando suas habilidades. Inclua também os motivos de sua transição de carreira.

Experiências relativas à nova área

Dê ênfase às suas experiências associadas com a área na qual você está planejando trabalhar, mesmo que elas tenham ocorrido em momentos isolados. Indique os projetos em que você participou e que estão relacionados com a nova área de atuação. Vale ressaltar sua participação em treinamentos, eventos e *workshops* dentro do escopo da nova área.

Organize-se

Antes de digitar qualquer informação já no formato do currículo, liste em separado todas as informações que você acredita serem relevantes e que devem estar presentes em seu novo currículo. Procure organizá-las por assuntos e por ordem cronológica reversa (as mais recentes primeiro). Títulos embaixo de títulos, cursos embaixo de cursos, experiências profissionais reunidas em grupo e assim por diante.

Descrição de suas experiências profissionais

Dedique um tempo para refletir sobre cada uma de suas experiências profissionais. Destaque as conquistas e as habilidades nessas experiências passadas que agregam valor a você, como profissional, em sua nova carreira. Procure descrevê-las com maestria fazendo associação com qualidades fundamentais em várias atividades, tais como dedicação, pontualidade e organização.

Atenção ao tamanho do currículo

Em geral, o CV completo não pode passar de três páginas. Duas páginas é o ideal. Uma vez terminado de preparar o seu novo CV, faça uma boa revisão ortográfica e de conteúdo checando se não há nada errado.

Modelo de currículo

Vamos discutir aqui como preparar um currículo informativo e adequado para o cargo que você almeja. Lembrando que no CV você vai ser sincero(a) escrevendo a verdade, somente a verdade e nada além da verdade. Não comprometa a sua credibilidade. Fica mais simples dizer que não possui certa habilidade, mas tem facilidade para aprender e deseja desenvolvê-la, do que afirmar que sabe. Isso se aplica aos seus conhecimentos, experiências, idiomas entre outros.

Aqui vai uma sugestão sobre como controlar os espaços do formato do CV. Insira uma tabela vazia de três colunas para digitar o texto dentro das colunas da tabela. Uma vez escolhendo o formato do documento, comece digitando o seu nome em negrito com uma fonte maior, fonte 12, que a do conteúdo, fonte 10. Em seguida, coloque suas informações básicas, tal como endereço completo, telefone celular e e-mail para contato. Exemplo:

SEU NOME

Alameda Rio Negro, 1030

Barueri, São Paulo, 06454

Telefone celular, E-mail, LinkedIn

COMPETÊNCIAS: consiste em algumas declarações fortes e expressivas que ajudam a resumir suas habilidades e experiências para que o recrutador ou empregador perceba rapidamente o valor que você pode agregar.

OBJETIVO: DIRETOR DE PRODUÇÃO

EXPERIÊNCIA PROFISSIONAL

Nome da Empresa – Gerente de Produção

(Multinacional americana com faturamento de U$ 6Bi)

Mês/20XX – Atual

- Planejamento de produção decidindo sobre as metas de produção
- Controle de produção garantindo continuidade e minimizando desperdícios
- Controle de qualidade mantendo os padrões de qualidade
- Análise de método buscando a melhor alternativa na fabricação do produto

Desenvolva o texto de suas competências. Não seja genérico no objetivo. Se você quer trabalhar como Diretor de Produção, então indique o cargo que deseja. Descreva suas experiências profissionais e suas principais responsabilidades, separadas em tópicos. Nas posições mais relevantes para a vaga que está aplicando, utilize 4 ou 5 marcadores para descrever suas realizações mais importantes. Inclua duas ou três experiências, repetindo o modelo acima preenchendo a primeira página do seu CV. Você agora pode tornar invisível as linhas e bordas da tabela da primeira página do CV, como mostra a imagem anterior.

Agora vamos trabalhar na segunda página do CV. Crie outra tabela de três colunas para preencher com as informações de sua formação acadêmica, idiomas, cursos extras, voluntariado, doações, mobilidade e referências profissionais. Note que tornamos invisíveis as linhas e bordas da tabela abaixo.

FORMAÇÃO ACADÊMICA

MBA: curso – instituição – Data e duração do curso
Pós-graduação: curso – instituição – Data e duração do curso
Graduação: curso – universidade – Data e duração do curso

IDIOMAS

Idioma 1: nativo

Idioma 2: fluente

Idioma 3: intermediário

CURSOS EXTRAS

Liderança – Instituição – Data – Duração 8h

Gerenciamento de projetos – Instituição – Data – Duração 8h

VOLUNTARIADO E DOAÇÕES

Casa do Consolador – Atividade voluntária aos Domingos

Rancho dos Gnomos – Doação para o programa de recuperação de animais

MOBILIDADE PARA OUTRAS CIDADES, ESTADOS OU PAÍSES

A ser avaliado

REFERÊNCIAS PROFISSIONAIS

Nome:

Cargo:

Empresa:

Celular:

Espero que este capítulo tenha sido informativo para vocês que estão considerando a possibilidade de fazer uma transição de carreira. Fiquem à vontade para entrar em contato para conversarmos ou avaliarmos o seu currículo antes de ser enviado para o recrutador ou empregador. Será um prazer servi-los, amigos leitores.

(Fonte de referência: Robert Half Talent Solutions)

“Uma transição de carreira de sucesso envolve a capacidade de se reinventar.”

Marcus Giotto

Rosiara Castro

Sou Rosiara Castro, filha amada, mãe dedicada de Davi e Letícia. Professora por amor à Educação, empenhada no desenvolvimento de jovens como seres plenos, por quase três décadas. Focada em prepará-los para expandir. Atualmente lecionando no Novo Ensino Médio nas disciplinas Fundamentos da Cultura Chinesa e Mandarim Turismo.

Licenciatura plena em História, Bacharel em Arquivologia, especialista em Educação Fiscal, Gestão Social e projetos. Gestão em Educação, *coach* de carreira, analista de perfil comportamental e palestrante.

rosiara_castro

21 99339-4524

contatorosiaracastro@gmail.com

ENTREVISTA DE EMPREGO: COMO SE PREPARAR?

Por Rosiara Castro

A entrevista é a parte crucial para contratação ou não de um candidato. É a etapa onde pode-se mostrar um pouco das suas habilidades e qualidades. É a "prova dos nove", onde é confirmado o que está escrito na documentação enviada. Dependendo da empresa, pode ser uma ou várias entrevistas. Não menospreze essa fase, mesmo que tenha muito conhecimento e formações para ocupar a vaga disputada. Nos dias atuais, contratam por conhecimento e demitem por comportamento. Somos seres plenos, além de estudo e experiência, é necessário saber conviver, interagir com os demais funcionários e chefias.

Partindo do princípio que a decisão em fazer transição de carreira já foi tomada e você está apto para atuar na profissão dos sonhos, independente de qual seja o momento da sua história profissional, certamente já pesquisou, estudou, planejou, sonhou, possivelmente sabe até o local onde gostaria de trabalhar e o valor do salário que pretende receber. Com o currículo bem elaborado e distribuído nos locais correspondentes às suas expectativas para o emprego, até que recebe uma ligação ou na caixa de mensagens está o e-mail tão esperado com a data, horário e local para a entrevista. Já não é mais "um número" em meio à multidão, você foi selecionado para a próxima etapa. Se foi selecionado é sinal que a empresa tem interesse no seu perfil para a vaga disponível e viu potencial para se tornar um bom colaborador para a empresa.

E agora? Qual a sua reação? Quais são seus pensamentos? Quais atitudes adequadas tomar? Irá com cara e a coragem ou se preparará para causar a melhor impressão e garantir a vaga desejada? Como diz a autora Camila Vieira: "Onde você concentrar os seus pensamentos conscientes ou inconscientes, terá foco. E onde foca, expande". O mais sábio a fazer é focar e preparar-se para expandir. Utilize esse poder a seu favor.

Existem três tipos básicos de entrevistas: a inicial, geralmente realizada pelo RH que busca conhecer o perfil do candidato à vaga e analisa se é compatível com a empresa. A entrevista técnica, onde alguém da área específica verificará os conhecimentos condizentes e a entrevista cultural, que visa saber se os valores e comportamentos estão alinhados aos da empresa. Podem ser os três tipos juntos, separados ou conforme a política estabelecida pelo local contratante.

Algumas dicas a serem realizadas antes da entrevista são importantes:

- Faça uma pesquisa sobre a empresa ou atividade desejada. Saiba a visão, projetos, perspectivas e veja se encaixam com seus valores;
- Não fale mal do emprego anterior, se for perguntado a respeito, diga algo verdadeiro que seja positivo;
- Só fale da sua vida pessoal quando perguntado;
- Cuide bem do seu hálito em uma entrevista presencial (às vezes, uma balinha ajuda);
- Escolha a roupa adequada que transmita a imagem que deseja refletir. Busque saber qual é o dress code da empresa (nomenclatura usada para definir as regras de vestimenta do lugar). Exemplo: startups tendem a possuir ambientes mais informais, de igual forma usualmente são os trajes, já em bancos são utilizadas roupas mais sociais;
- Verifique o trajeto, transporte, estimativa de tempo para chegar ao local marcado. Se for online, organize o espaço que será utilizado, de preferência sem ruídos externos, se necessário, utilize fones de ouvido para melhor comunicação. Verifique se a conexão com a internet está estabilizada. Observe o fundo que será visto pelos entrevistadores; às vezes é melhor uma parede lisa do que imagens que não se relacionam com o momento. Pense nos detalhes, seja intencional.
- Chegue antes do horário marcado, com pelo menos 15 minutos de antecedência.

Se não se preparar, outro candidato preparado se destacará mais que você, às vezes com um currículo até inferior ou equivalente ao seu. Conceba essa etapa. Esse é o momento de mostrar realmente quem é, para que veio e como poderá contribuir com a empresa. Não pule etapas, seja verdadeiro com os outros e principalmente com você.

No processo de preparação para a entrevista, é fundamental que saiba sua real identidade. Saiba seus pontos fortes e pontos que podem ser melhorados (um ponto fraco não é definitivo, você pode mudar, se ajustar para obter uma melhor performance, tudo é possível se você se permitir e desejar verdadeiramente).

O PhD Paulo Vieira diz: "Você não tem controle do vento, do mar, das correntes e das marés, mas é você quem está no comando do barco da sua vida, cabe a você ajustar as velas e decidir a rota!"

Sabendo disso, escreva as seguintes perguntas com pelo menos três virtudes.

Quem é você?

____

____

Quais são suas melhores qualidades (pontos fortes)?

____

____

Quais são suas maiores dificuldades (pontos fracos)?

____

____

Em que precisa e pode melhorar? Ninguém é perfeito e sempre temos algo a desenvolver para um melhor desempenho, seja no pessoal ou no coletivo.

____

____

Responda com coragem, verdade e humildade.

É essencial ter essa consciência. Se não tiver clareza ou tiver dificuldade em responder, faça uma análise do seu perfil comportamental, ajudará muito nessa etapa.

Descubra-se e então seja a sua melhor versão. Não se limite ao que disseram sobre você, busque sua essência. Essa sim, é genuína.

Antes de ter ou fazer, SEJA VOCÊ!

Treine

Inicie listando o que é positivo em você e seja relevante para a visão da empresa e função. Reflita antes a respeito daquilo que quer dizer na entrevista que venha fortalecer seu desempenho nessa etapa. É possível que nas perguntas de praxe que farão durante a entrevista, queiram saber também alguns aspectos da sua personalidade e atitudes em situações que envolvam estresse, conflitos, posicionamentos, coletividade.

Hoje em dia, é observado desde o momento em que se chega ao local da entrevista até sua saída. Se comunica ansiedade, se é educado, gentil no trato com as pessoas, independente de cargo ou função. Lembre-se que o corpo fala, mesmo sem dizermos "palavras".

Outro ponto fundamental: qual imagem você transmite nas redes sociais? Comunica o quê? Muitas pessoas são desclassificadas para alguns cargos devido às postagens, consideradas inapropriadas, que divergem da visão da empresa ou empregador. Fique atento.

Agora, com as informações a respeito de si e do que é esperado de você enquanto profissional qualificado à vaga, ensaie visualizando este momento. Como é o local? Quantas pessoas estarão presentes? O que está vestindo? Qual cor? Esse ambiente tem cheiro? Tente ouvir a sua voz sendo clara e objetiva. Arrume a postura, levante a cabeça, olhe nos olhos dos entrevistadores, seja otimista,verdadeiro, simpático, mas não provoque intimidade ou assuntos irrelevantes. Treine até que tudo passe a fluir dentro de você, ficará leve. Acredite, funciona!

Na hora da entrevista, ouça com atenção os entrevistadores, ajudará a formular as respostas adequadas. Deixe para falar de cifras, pretensão salarial somente quando for perguntado. Deixe claro que almeja trazer resultados positivos, auxiliar no crescimento e desenvolvimento da empresa contribuindo com seu *nohall*.

Ao longo da minha jornada profissional, passei por diversas entrevistas sendo entrevistada e também entrevistando pessoas. Antes do autoconhecimento, mesmo com um bom currículo e títulos, eu ficava tensa, tinha medo do que poderiam me perguntar, sentia "frio na barriga", mão gelada, não sabia literalmente o que fazer com as mãos. Era um peso enorme que só acabava após a entrevista e seu resultado. Não era natural e sim, desgastante.

Na pandemia, surgiu uma oportunidade de algo novo em minha carreira. Tive dúvida se embarcaria no NOVO. Passar por vários processos já estando rumo à aposentadoria. Seria cômodo ficar como estava, porém gosto de desafios, de inovações. Fiz minha inscrição e fui passando pelas etapas.

Eu estava agitada internamente preocupada com a língua. Não sabia se a entrevista seria na Língua Portuguesa ou em Mandarim, isso gerou-me insegurança. Foi quando uma pessoa muito especial conversou comigo, disse para focar em quem **eu sou** e não na língua estrangeira. Foi quando, orientada, comecei a criar a imagem como um filme onde eu era a protagonista da história. Visualizei internamente várias vezes a entrevista com o máximo de detalhes, repeti várias vezes tudo o que gostaria de dizer, tudo que era pertinente ao momento. Consultei meu relatório de perfil comportamental, me ajudou muito principalmente em saber o que não me favoreceria relatar.

Treinando, fiquei tranquila e segura. Iniciada a entrevista, as três entrevistadoras, profissionais de setores diferentes, se apresentaram e quando disseram para eu me apresentar, foi LEVE. Fiquei atenta à minha postura e as palavras foram fluindo. Quando terminei minha apresentação, a coordenadora dessa equipe disse não ter perguntas, pois eu havia dito tudo o que precisavam saber. As feições destas pessoas mudaram, o ambiente todo "conspirava" em meu favor. Sai dali, tranquila e feliz. O resultado? Claro que passei!

Não importa a proporção candidato/vaga quando se está seguro. Se seus conhecimentos correspondem ao solicitado, você sabe aonde quer chegar e possui inteligência emocional. Aprendi com Paulo Vieira que *"Jogar jogo de gente grande é jogar para vencer"*.

Foi tão positiva essa experiência que compartilhei com algumas pessoas próximas quando estavam em fase de entrevistas. Funcionou da mesma forma. Elas ficaram gratas, pois foi uma virada de chave que não conheciam, assim como foi comigo. Se eu consegui, você também consegue.

"Só triunfa no mundo quem se levanta e procura as circunstâncias – e as cria, quando não as encontra"
George Bernard Shaw

Treine, visualize a entrevista e acredite em você. Se não acreditar em si mesmo como outras pessoas acreditarão? Construa a sua boa sorte! Seja você e conquiste níveis além do imaginado!

“Antes de ter e fazer, seja você! Seja sua melhor versão!”

Rosiara Castro

EDITORA
CHAVE MESTRA®